경제의 질문들

경제의 질문들

2022년 11월 22일 초판 1쇄 발행
2023년 1월 20일 초판 2쇄 발행

지은이 김경곤

펴낸이 김은경
책임편집 권정희
편집 이은규
마케팅 박선영
디자인 황주미
경영지원 이연정

펴낸곳 ㈜북스톤
주소 서울특별시 성동구 성수이로20길 3, 6층 602호
대표전화 02-6463-7000
팩스 02-6499-1706
이메일 info@book-stone.co.kr
출판등록 2015년 1월 2일 제2018-000078호

ⓒ 김경곤
(저작권자와 맺은 특약에 따라 검인을 생략합니다)

ISBN 979-11-91211-91-7 (03320)

북스톤은 세상에 오래 남을 책을 만들고자 합니다. 이에 동참을 원하는 독자 여러분의 아이디어와 원고를 기다리고 있습니다. 책으로 엮기를 원하는 기획이나 원고가 있으신 분은 연락처와 함께 이메일 info@book-stone.co.kr로 보내주세요. 돌에 새기듯, 오래 남는 지혜를 전하는 데 힘쓰겠습니다.

[돈, 경제, 세상의 흐름을 알고 싶을 때]

경제의 질문들

김경곤 지음

넥스톤

공포는 언제나 무지에서 옵니다

여러분은 지금 친한 지인들과 함께 식사하는 중입니다. 그런데 갑자기 대화의 주제가 경제로 흘러가더니 누군가 다음과 같은 질문들을 던집니다.

"왜 어떤 나라는 부자고, 어떤 나라는 가난할까? 가난한 나라가 부자 나라가 되는 방법은 없나?"

"인플레이션은 왜 발생하고, 내 자산(예금, 주식, 채권 등)에 어떤 영향을 미치지?"

"경제는 왜 호황과 불황을 반복할까?"

"정부가 직접 돈을 쓰는 것과 세금을 깎아주는 것 중 뭐가 더 효과가 좋아?"

"왜 환율은 매일 오르락내리락하는 거야? 환율의 등락이 내게는 어떤 영향을 미치지?"

이들 질문에 여러분은 어떻게 답을 하실 건가요? 잠깐 시간을 내서 생각해보시죠.

만약 '후훗, 이 정도쯤이야' 하며 질문들에 대해 알기 쉽게 답을 하셨다면, 축하드립니다. 이 책을 읽을 필요가 없습니다. 갖고 계신 풍부한 경제지식을 주변분들에게 앞으로도 많이 나눠주세요.

만약 '아… 뉴스에서 자주 본 단어들이긴 한데, 막상 답을 하려니 쉽지 않네'라고 생각하셨다면, 축하합니다. 이 책을 통해 지금까지 머릿속에 단편적으로 입력됐던 경제개념들을 깔끔하게 정리할 수 있을 겁니다. 그러다 보면 앞으로 누구든 경제에 대해 물어봐주길 내심 기대하게 될지도 모릅니다.

만약 '지금까지 경제와 담쌓고도 잘 살아왔는데 왜 이런 질문을 던지는 거지? 몰라, 그냥 밥이나 먹어야지'라고 생각하셨다면… 정말 축하드립니다. 지금까지 여러분 삶에 '접근금지'라는 푯말과 함께 미지의 영역으로 남아 있던 경제의 세계에 이

책을 들고 이제 한 걸음씩 들어가면 됩니다.

제가 이 책을 쓴 계기는 2016년 8월로 거슬러 올라갑니다. 당시 저는 미국 콜로라도대학교에서 경제학과 전공과목인 중급 거시경제학(Intermediate Macroeconomics) 강의를 처음으로 맡았습니다. 토종 한국인인 내가 과연 미국 학생들에게 영어로 잘 가르칠 수 있을까? 강의를 앞두고 여간 걱정스러운 게 아니었습니다. 부족한 영어 실력을 단기간에 끌어올려 미국 사람처럼 말하기는 불가능하고, 별수 없이 저는 어려운 용어는 가급적 빼고 쉬운 말로 설명하는 데 주력했습니다.

다행히 작전은 통했습니다. 학기말이면 실시하는 강의 평가에서 제 수업은 늘 높은 점수를 받았습니다. 학생들은 제 수업의 강점으로 "어려운 경제학 개념을 알기 쉽게 설명해준다"는 점을 꼽았습니다. 특히 경제학을 막연히 어려워하던 학생들이 제 수업을 듣고 경제에 흥미를 갖게 됐다고 말할 때면 어디서도 경험하지 못한 보람을 느꼈습니다. 그때의 보람을 다시 기대하며, 강의실의 울타리를 뛰어넘어 더 많은 분들에게 제가 가진 경제지식이 가닿길 바라는 마음으로 원고를 썼습니다.

이 책에는 제가 그동안 강의하면서 가장 강조했던 부분들과 학생들이 가장 많이 질문했던 개념들, 그리고 수업과 상관없이 알아두면 누구에게나 두루두루 도움이 되겠다고 평소에 생각했던 내용들이 담겨 있습니다.

책의 목차는 GDP, 인플레이션, 이자율, 실업률, 경제변동, 통화정책, 재정정책, 환율 순으로 진행되다가 다시 이자율 II, 인플레이션 II, GDP II로 돌아오는 흐름입니다. 뒤에 II가 붙은 장은 앞에서 다룬 내용을 조금 더 깊게 다룬 심화편이라 생각하시면 됩니다.

책의 전반부는 제가 2021년 8월부터 토스피드에 연재했던 "매일 뉴스에 나오던 그 단어" 시리즈를 기반으로 보완한 내용입니다. 후반부에는 인플레이션과 이자율이 채권과 주가에 미치는 영향 및 지속가능한 경제성장에 대한 내용을 추가했습니다. 이로써 경제에 대한 큰 그림을 그리는 데 반드시 알아야 하는 내용은 빠짐없이 담았다고 생각합니다.

각 장은 기본적으로 하나의 경제변수를 집중적으로 다루고 있습니다. 그러다 뒤로 갈수록 각 변수의 기본 개념에서 한발 나아가, 다양한 변수들이 어떻게 서로 연결되고 영향을 미치는지 보여드릴 것입니다. 저와 함께 호흡하며 책을 읽고 나면 총 12개의 경제 질문에 답할 수 있는 자신을 발견하게 될 겁니다.

"공포는 언제나 무지에서 온다(Fear always springs from ignorance)"라는 말이 있습니다.

저는 미래를 정확하게 예측하는 것은 신의 영역이라 생각합니다. 인간의 능력을 벗어나는 일이죠. 다만 경제에 대한 지식을 바탕으로 미래에 우발적으로 발생할 경제현상에 적절히 대응할 수는 있습니다. 이 책을 통해 경제가 움직이는 원리를 이해한다면, 앞으로 아무리 암울한 경제 뉴스를 접하더라도 필요 이상의 두려움을 느끼는 일은 없을 것입니다.

또 하나, 경제학을 공부하면서 매일매일 실감하는 바가 있습니다. 경제학은 하나의 개별적 학문이라기보다는 과학적 사고, 인문학적 사고처럼 세상을 바라보는 하나의 '관점'이라는 것입니다. 카메라 렌즈에 필터를 바꿔 끼우면 이전과 다른 모습의 세상이 펼쳐지듯이, 여러분이 평소 세상을 바라볼 때 사용하는 렌즈에 경제학이라는 필터를 더하면 예전에 미처 발견하지 못한 경제현상들이 하나둘 선명하게 눈에 들어올 것입니다.

저는 이 책이 서랍에 넣어뒀다가 새로운 뉴스를 접할 때마다 가볍게 꺼내 렌즈 앞에 끼우는 필터가 되길 희망합니다. 이 필터를 통해 여러분이 경제 전반을 관통하는 자신만의 '관점'을 갖게 된다면, 글쓴이로서 그만 한 보람이 있을까요.

| 환율 Ⅱ |

Chapter 9
"맥도날드 빅맥으로 적정 환율을 계산할 수 있을까?" · 164

| 이자율 Ⅱ |

Chapter 10
"채권의 금리와 가격은 왜 반대 방향으로 움직일까?" · 182

CHAPTER 1

GDP

"우리나라의 1인당 GDP는
어떻게 필리핀의
10배가 될 수 있었을까?"

두 장의 사진으로 이야기를 시작해보겠습니다. 1950년대 후반 두 도시의 풍경을 담은 사진입니다. 아래 사진은 1959년 서울 덕수궁 대한문 앞을 찍은 것입니다. 다음 페이지 사진은 비슷한 시기의 필리핀 마닐라의 모습입니다. 사진 한 장으로 일반화하기는 조심스럽지만, 적어도 두 사진만 봤을 때는 마닐라가 서울보다 더 발전한 것처럼 느껴지지 않나요?

'서울시청 앞 녹지대 조성', 1959, 서울특별시 서울사진아카이브(http://115.84.165.213)

Philippines, traffic on Escolta Street in Binondo district of Manila, Harrison Foreman; From the American Geographical Society Library, University of Wisconsin-Milwaukee Libraries.

실제 데이터는 어떨까요? 〈도표 1-1〉은 1960~63년의 한국과 필리핀의 1인당 GDP를 보여줍니다. 데이터상으로도 필리핀의 1인당 GDP가 한국보다 높은 수준이었네요. 사진에서 느꼈던 격차가 전혀 근거 없는 추측은 아니었던 셈입니다.

그로부터 어언 60여 년이 지난 지금, 사정이 많이 달라졌다는 것을 우리 모두 알고 있습니다. 〈도표 1-2〉를 보면 필

〈도표 1-1〉 **대한민국과 필리핀의 1인당 GDP (1960〜1963년)** (단위 : 달러)

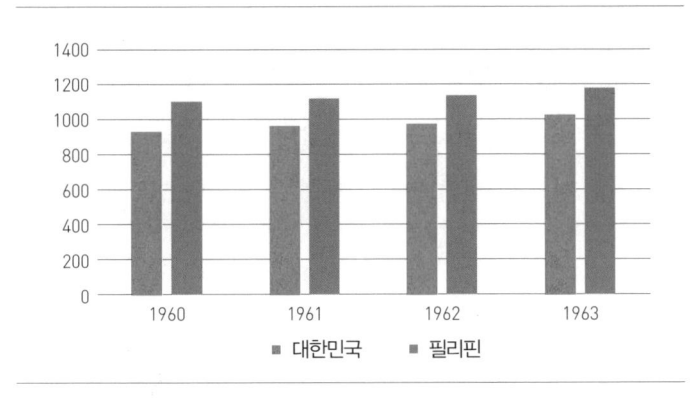

자료 : data.worldbank.org
주 : 해당 기간의 물가상승을 고려하기 위해 2010년 미국 달러를 기준 단위로 사용.

〈도표 1-2〉 **대한민국과 필리핀의 1인당 GDP (1960〜2020년)** (단위 : 달러)

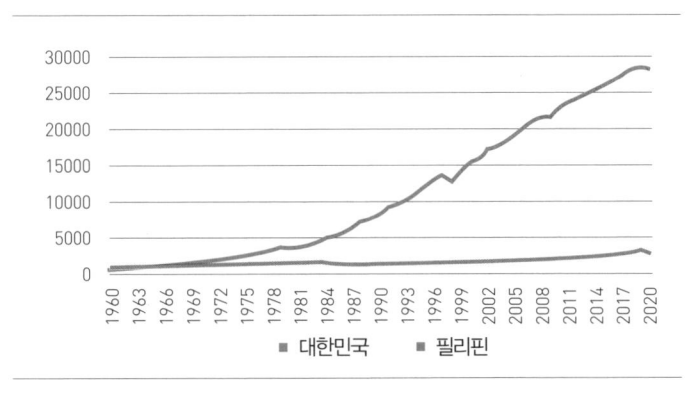

자료 : data.worldbank.org
주 : 해당 기간의 물가상승을 고려하기 위해 2010년 미국 달러를 기준 단위로 사용.

리핀의 1인당 GDP는 그다지 증가하지 못한 채 2020년에도 3,000달러 근처에 머뭅니다. 반면 한국의 1인당 GDP는 1970년대 들어서면서 필리핀과 격차를 벌리기 시작하더니, 현재는 필리핀의 10배 정도 수준이 됐습니다.[1]

도대체 지난 60년간 두 나라에는 무슨 일이 있었던 것일까요?

"한국의 1인당 GDP는 어떻게 필리핀의 10배가 됐을까?"

경제학에서는 이 질문을 경제성장이론에서 다룹니다. 말 그대로 장기간 한 나라의 경제가 성장하는 걸 다루는 이론이죠. 경제성장의 핵심 키워드가 바로 이번 주제인 GDP인데요. GDP는 수많은 경제변수 가운데서도 가장 대중적으로 알려진 스타 변수가 아닐까 싶습니다. 그만큼 일상에서 쉽게 접할 수 있는 경제용어이기도 하고요.

GDP는 우리말로 '국내총생산'입니다. 좀 더 풀어볼까요? '특정 기간에 국내에서 생산된 재화(goods)와 서비스(services)의 시장가치(market value)를 모두 합한 값'이라 설명할 수 있

---

1 Jones, Charles I. *Macroeconomics* (New York: W. W. Norton & Company, 2021), p.103.

습니다. 풀어 써도 한 번에 이해하기 어렵죠? 경제 강의를 할 때 저는 이 문장을 세 조각으로 나누어 설명합니다.

① 특정 기간에
② 국내에서 생산된
③ 재화와 서비스의 시장가치를 모두 합한 값

이제 각 항목을 설명해볼까요?

GDP는 '특정 기간'을 대상으로 측정하고, 보통 1년 단위로 합니다.

GDP는 '국내에서 생산된' 것들만을 포함하는데, 여기서 국내는 한 국가의 영토를 떠올리시면 됩니다. 예를 들어 대한민국의 GDP는 '대한민국 안에서 생산된' 것만을 포함합니다. 외국인이 대한민국 안에서 생산한 것들도 물론 포함됩니다.

그다음 항목이 GDP 개념의 핵심이라 할 수 있는데요. 재화(goods)는 여러분이 마트에서 구입하는 것(생수, 칫솔, 휴지 등)이고, 서비스(services)는 미용실이나 병원에서 받는 시술 등을 말합니다. 시장가치(market value)는 시장에서 거래되는 재

화와 서비스의 시장 가격을 뜻합니다.[2]

정리해볼까요? 앞으로 누군가 여러분에게 "GDP가 뭐지?"라고 물어본다면 다음과 같이 대답하면 됩니다.

"우리말로는 국내총생산인데, 1년간 한 나라 영토 안에서 생산된 재화, 서비스의 시장가치를 모두 합한 값이야."

GDP vs. 1인당 GDP : 덩치와 건강의 차이

...

이젠 GDP가 크거나 작다는 것이 어떤 의미를 갖는지 살펴보죠.

한 나라의 GDP는 그 나라의 경제규모를 나타냅니다. 사람으로 치면 키나 몸무게와 비슷해요. 그러면 전 세계에서 GDP가 가장 큰 나라, 톱3는 어딜까요? 5초의 시간을 드릴 테니 한

---

2 만약 시장가치를 쓰지 않으면 어떻게 될까요? 아마 모든 것을 수량 기준으로 계산해 "우리 나라의 작년 GDP는 물 1,000억 개, 칫솔 100억 개, 미용 서비스 1억 시간…" 이런 식으로 표현해야 할 것입니다. 시장 가격으로 매겨지지 않는 가사노동 등이 GDP에 포함되지 못하는 이유도 시장가치를 합산해야 하기 때문입니다.

번 생각해보세요.

자, 어디라고요? 제가 알려드릴 답과 일치하는지 확인해보시죠. (참고로 강의 때 이 질문을 하면 학생들이 1위와 2위는 비교적 잘 맞히는데 3위에는 온갖 국가 이름이 다 등장합니다.)

먼저 1위는 미국입니다. 2020년 세계은행 데이터 기준으로 미국의 GDP는 약 20조 달러입니다. 앞에서 말한 GDP의 정의를 이용해볼까요? 2020년 한 해 미국 영토 내에서 생산된 모든 재화와 서비스의 시장가치를 합한 금액은 약 20조 달러, 우리 돈으로 무려 2경 6,000조 원 정도가 되네요.

2위는 중국으로 약 15조 달러입니다. 그러면 3위는 어느 나라일까요? 바로 일본입니다. 약 5조 달러네요. 세계 GDP 순위는 〈도표 1-3〉과 같은데, 한국은 당당히 10위에 있군요. 앞서 말씀드린 것처럼 GDP는 한 나라의 경제규모를 의미하는데, GDP가 10위라는 것은 전 세계 200개가 넘는 국가 가운데 덩치가 열 번째로 크다는 뜻이죠. 적절한 비유일지 모르겠으나 학창 시절에 덩치가 엄청 큰 친구들은 함부로 못 건드리는 것처럼, 경제규모가 크면 국제사회에서 일단 어깨에 힘 좀 줄 수 있는 것으로 이해해도 될 것 같습니다.

그러나 덩치 큰 사람이 반드시 건강한 것은 아니죠. 덩치는

〈도표 1-3〉 **전 세계 명목GDP 순위 (2020년)**   (단위 : 조 달러)

순위	국가명	GDP 규모
1	미국	20.9
2	중국	14.7
3	일본	5.0
4	독일	3.8
5	영국	2.7
6	인도	2.6
7	프랑스	2.6
8	이탈리아	1.9
9	캐나다	1.6
10	대한민국	1.6

자료 : data.worldbank.org
주 : 명목GDP는 2020년 현재가 기준으로 측정된 값. (실질변수와 명목변수의 구분은 2장에서 다루
니 조금만 기다려주세요.)

좋은데 그게 근육이 아니라 다 살이라면 성인병을 앓을 수도 있고, 관절에 무리가 갈 수도 있습니다. 국가도 마찬가지인지라, 이 점을 보완하고자 절대적 경제규모를 나타내는 GDP 외에 추가로 쓰는 개념이 있습니다. 바로 경제의 질적 부분을 측정하기 위한 '1인당 GDP'입니다.

순위	국가명	1인당 GDP
1	모나코	190,532
2	리히텐슈타인	179,258
3	버뮤다	117,768
4	룩셈부르크	115,481
5	케이맨 제도	92,692
6	스위스	85,135
7	마카오	84,097
8	아일랜드	81,637
9	노르웨이	74,986
10	아이슬란드	71,345
11	미국	65,134
39	대한민국	32,143
85	중국	10,004
160	인도	2,116

자료 : data.un.org
주 : 2019년 현재가 기준으로 측정된 값. (이 방식은 국가별 물가수준의 차이를 고려하지 못하는 단점
이 있어서, 구매력(Purchasing Power Parity, PPP) 기준으로 1인당 GDP를 측정하기도 합니다. PPP에 대해
서는 환율을 다룰 때 설명하겠습니다.)

〈도표 1-4〉는 2019년 기준 1인당 GDP가 가장 높은 국가 순위입니다. 방금 봤던 GDP 순위와는 많이 다르죠? GDP 기준으로 세계 2위인 중국은 1인당 GDP 기준으로는 85위로 내려갑니다. 6위였던 인도는 무려 160위네요. 반면 모나코, 리히텐슈타인, 룩셈부르크 같은 나라는 경제규모는 작아도 1인당 GDP는 세계 최고 수준입니다. 덩치는 작지만 건강한 몸을 가졌다고 비유하면 적당하겠네요.

소비를 할 것인가? 투자를 할 것인가?

...

GDP와 1인당 GDP의 개념을 알아보았으니, 이제 다시 우리의 원래 질문이었던 "1960~2020년 동안 대한민국과 필리핀의 1인당 GDP의 격차가 크게 벌어진 이유는 무엇인가?"로 돌아가 보죠.

경제학에는 장기적인 경제성장을 설명하는 이론이 많이 존재하는데, 그중에서도 가장 유명한 솔로우(Solow) 모형을 소개하겠습니다.[3] 참고로 솔로우 모형은 1987년에 경제성장 이론으로 노벨 경제학상을 받은 로버트 솔로우(Robert Solow)

가 만든 모형입니다.[4] 솔로우 모형은 여러 개의 수학 방정식으로 만들어져 있는데, 여기서는 주요 개념만 살펴보겠습니다.

경제학 모형에서는 일반적으로 공급과 수요 부문을 나누어 생각합니다. 여기서 '공급'이란 재화나 서비스를 생산해 시장에 제공하는 것을, '수요'는 시장에 공급된 재화나 서비스를 구매하려는 것을 의미합니다. 공급 부문의 대표로는 기업이, 수요 부문의 대표로는 소비자가 있죠.

솔로우 모형도 크게 공급과 수요 부문으로 구성되어 있습니다. 이 모형에서 여러분은 생산자인 동시에 소비자가 됩니다. 즉 무언가를 만들어 시장에 팔고, 그 대가로 받은 소득을 이용해 시장에서 무언가를 구매하는 거죠. 조금 있다가 이 개념을 사용할 예정이니, '생산자인 동시에 소비자'라는 것을 일단 기억해주세요.

---

3 Solow, Robert M. "A Contribution to the Theory of Economic Growth." *Quarterly Journal of Economics* 70.1 (1956): 65-94.

4 본인뿐 아니라 그가 지도했던 박사과정 학생들 가운데 지금까지 총 4명이 노벨 경제학상을 받았습니다.

먼저 공급 부문을 살펴볼게요. 솔로우 모형에서 공급 부문의 핵심은 생산함수(production function)입니다. 엇, 함수가 나오니 갑자기 머리가 아프다고요? 걱정 마세요. 첫 시간인 만큼 수학식은 과감히 생략하고 개념만 짚어드릴게요.

예를 들어 자동차를 생산하려면 뭐가 필요할까요? 일단 땅부터 마련해서 공장을 짓고, 생산 설비를 놓아야겠죠. 설비를 돌릴 사람도 뽑아야 하고, 강판 등의 원자재도 필요하겠네요. 이 모든 것들을 '생산요소(factor of production)'라고 합니다. 경제학자들은 이 가운데서도 생산 설비 같은 '자본(capital)'과 사람의 '노동(labor)'을 가장 중요한 요소로 봅니다. 그리고 생산함수란 자본과 노동을 이용해 최종 생산물을 만들 때 사용되는 생산기술을 수학식으로 표현한 것입니다.

솔로우 모형에서는 이 중에서도 자본이 특히 중요합니다. 우리의 관심사인 1인당 GDP가 자본량에 따라 달라지기 때문이죠. 가령 자동차를 생산하는 데 필요한 장비나 기계 같은 것이 많을수록 1인당 GDP도 높아집니다. 이 가정에 따르면, 대한민국의 1인당 GDP가 필리핀보다 상승한 이유는, 한국의 전체 인구수 대비 보유하고 있는 생산 장비의 수가 필리핀보다 더 많았기 때문입니다.

그러면 자연스럽게 또 다른 질문이 나옵니다.

"한국은 어떻게 필리핀에 비해 더 많은 생산 장비를 가질 수 있었나요?"

이 질문의 답은 수요 부문에서 찾을 수 있습니다. 솔로우 모형에서는 수요 부문의 소비자가 자신의 소득을 사용하는 길은 단 두 가지뿐이라고 가정합니다.

· 소비를 할 것인가?
· 투자를 할 것인가?

생산자로서 무언가를 만들고 판매해서 100만 원을 소득으로 얻게 된 여러분은 이제 소비자로 역할을 바꿔 결정해야 합니다. 100만 원의 소득 중 얼마를 소비하고 얼마를 미래를 위해 저축할지 말이죠. 만약 70만 원을 소비하기로 했다면, 나머지 30만 원은 저축하는 거죠. 이 30만 원은 투자를 위한 재원으로 사용됩니다.

즉 30만 원의 투자금은 모두 새로운 자본(즉 새로운 생산 장비)을 구매하는 데 쓰입니다. 솔로우 모형에서는 저축률이 높을수록 새로운 투자가 증가하고, 결과적으로 그 투자금

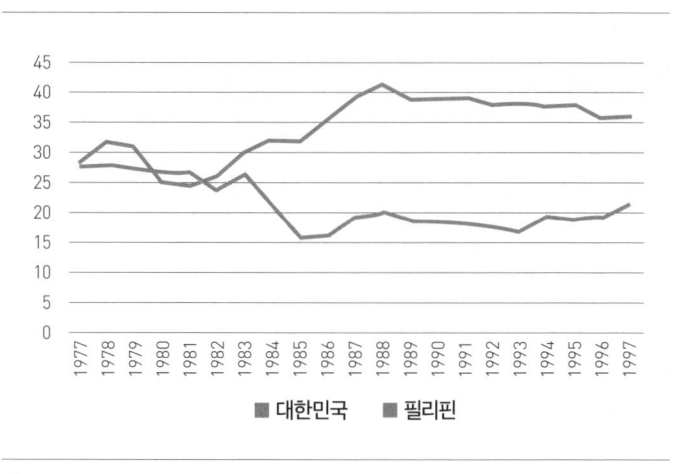

〈도표 1-5〉 대한민국과 필리핀의 저축률 (1977~1997년)　　　　(단위 : %)

자료 : data.worldbank.org

으로 새로운 자본을 더 많이 구매하게 되므로 자본량도 증
가하게 됩니다.

　솔로우 모형에 따르면 한국의 1인당 GDP가 필리핀보다 높
을 수 있었던 이유는, 한국인이 1인당 축적한 자본량이 필리
핀보다 많았기 때문입니다. 그리고 그 배경에는 '한국의 저축
률이 필리핀보다 높았던 것'이 영향을 미쳤을 것입니다.

정말 그랬을까요? 〈도표 1-5〉는 1977~97년간 한국과 필리핀의 저축률 추이를 보여줍니다. 실제로 1980~90년대에 큰 차이가 나죠?

드디어 답에 가까워진 것 같습니다.

혹시 누군가가 여러분에게 1인당 GDP에 대해 물어보면 유용하게 쓸 수 있는 모범답안 하나를 준비해 봤습니다.

"글쎄, 내가 《경제의 질문들》이라는 책에서 봤거든. 노벨 경제학상을 받은 사람이 만든 유명한 경제모형이 있는데, 그 모형을 이용하면 1인당 GDP의 국가별 차이를 설명할 수 있대. 한국이 옛날에 경제규모가 비슷했던 나라들보다 급격하게 성장할 수 있었던 것은 저축을 많이 했기 때문이라더라고? 한국인들은 소비와 저축(투자)이라는 선택지 가운데 저축을 더 선호했고, 그래서 생산 설비 같은 것에 더 많이 투자할 수 있었대. 늘어난 생산 설비를 이용해 생산을 많이 했고, 그것이 1인당 GDP 상승으로 이어진 거야."

어떤가요, 이 정도면 그럴듯한 모범답안 같은가요?

하지만 여기엔 허점이 있습니다. 이 답이 틀린 건 아니지만,

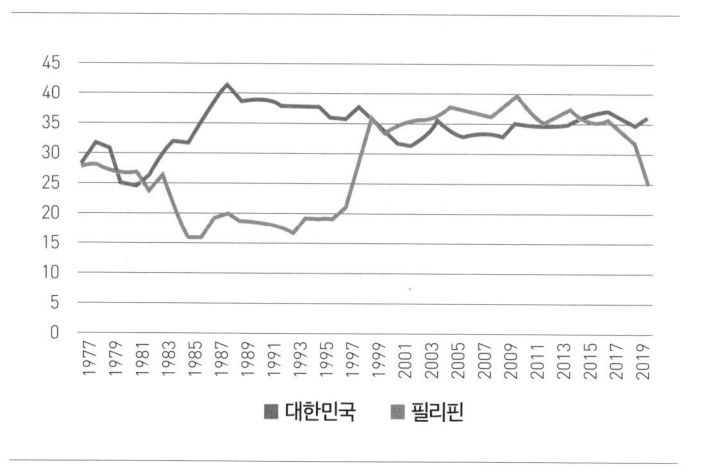

〈도표 1-6〉 대한민국과 필리핀의 저축률 (1977~2019년)　　　(단위 : %)

자료 : data.worldbank.org

완벽한 것도 아니기 때문입니다.

　어떤 경제현상을 설명하는 방식에는 한 가지 정답만 있는 게 아닙니다. 방금 한국과 필리핀의 과거 저축률 추이를 봤죠? 그런데 말입니다. 2019년 데이터까지 포함해서 보면 〈도표 1-6〉과 같습니다. 뭔가 상황이 달라지죠?

　1990년대 말부터 필리핀의 저축률도 급격히 올라가 한국과 비슷해집니다. 그런데 한국과 필리핀의 1인당 GDP 격차는

좁혀지기는커녕 계속 벌어졌습니다. 왜 그런 걸까요? 저축률만으로는 설명이 온전치 않은 것 같습니다. 저축률 외에도 경제성장을 설명하는 다양한 이론들이 존재하는 이유입니다.

그 이론들이 뭔지 궁금해지지 않나요? 만약 궁금함을 느꼈다면, 이제 흥미로운 경제의 세계로 들어오실 준비가 된 겁니다.

CHAPTER 2
인플레이션

"한국은행이 밤낮으로
돈을 찍어내면 어떻게 될까?"

초등학교 시절, TV 채널을 돌리다가 우연히 G7 국가들(미국, 영국, 프랑스, 독일, 이탈리아, 캐나다, 일본)에 대한 다큐멘터리를 봤습니다. 한국보다 경제적으로 많이 발전한 그들의 모습이 동심 속에 살던 제게 굉장히 인상 깊었는데요. 방송이 끝나고 올라가는 자막을 보며 문득 이런 생각이 들더군요.

'어떻게 하면 우리나라도 저 나라들처럼 부자가 될 수 있을까?'

당시 저는 이렇게 생각했습니다. 일반적으로 부자라고 하면 '돈이 많은 사람'을 의미하므로, 부자 나라가 되기 위해서는 '돈이 많아야 한다'고 말이죠. 그래서 고민 끝에 한국을 부자 나라로 만들 방법을 생각해냈습니다. 그건 바로…

한국은행의 돈 만드는 공장을 365일 24시간 가동해서 밤낮으로 돈을 찍어내는 것이었습니다. 영화 〈찰리와 초콜릿 공장〉의 한 장면처럼 한밤중에도 밝은 조명을 빛내며 초콜릿 대신 지폐가 쉴 없이 만들어지는 장면을 상상한 거죠. 쉬지 않고 돈을 찍어내면 중앙은행 금고에는 금세 돈이 넘쳐나고 우리나라는 곧 부자가 될 것이라고, 초등학생이던 저는 생각했습니다.

어떤가요? 여러분은 이 아이디어에 동의하나요?

이 발상에는 심각한 결함이 하나 있습니다. 이번 주제이기도 한 인플레이션과 연관되어 있죠. 어린 저는 이 개념을 당연히 몰랐고요.

인플레이션과 인플레이션율 : 물가 상승과 하락 측정하기

...

인플레이션은 1장에서 다룬 GDP만큼이나 뉴스에서 많이 들어본 단어일 텐데요. 정의부터 먼저 살펴보겠습니다.

일반적으로 인플레이션은 물가수준(이하 '물가')의 상승을 의미합니다. 마트에서 장을 보다가 "물가가 많이 올랐네"라고 말한다면, 그것이 인플레이션을 의미한답니다.

인플레이션이 물가 상승을 뜻한다면, 그 기준이 되는 물가는 어떻게 측정할 수 있을까요? 물가를 측정하는 방법에는 여러 가지가 있는데, 가장 대표적인 것이 '소비자물가지수(consumer price index, CPI)'입니다. 소비자물가지수란, 소비자가 시장에서 구입하는 재화와 서비스의 평균 가격을 계산해 측정한 물가입니다. 예를 들어 한 달에 한 번 마트에 가는데 그때마다 생수, 우유, 달걀, 빵, 쌀, 라면, 닭고기, 고등어를 산다고 가정해볼게요. 장을 보고 나서 받는 영수증에는 생수, 우유, 달걀, 빵, 쌀, 라면, 닭고기, 고등어의 가격이 나와 있겠죠? 다달이 받는 영수증을 보면 각 제품의 가격이 어떻게 변화했는지 추적할 수 있습니다.

소비자물가지수도 비슷한 방식으로 측정합니다. 우리가 일반적으로 많이 구입하는 제품들을 선정해서 그 제품들의 가격 변화를 지수로 만들죠. 한국에서는 통계청에서 소비자물가지수를 계산합니다. 2015년 기준 총 460개의 대표 품목을 선정하고, 이것들의 가격 변화를 정기적으로 추적해 소비자물가지수를 산출하는 것이죠.[1]

---

1   소비자물가지수에 대해 더 자세히 알고 싶은 분들은 통계청의 소비자물가지수 설명 사이트를 방문해보세요

인플레이션과 더불어 자주 사용되는 용어로 인플레이션율 (inflation rate)이 있습니다. 물가가 얼마나 변화했는지 증가율로 계산한 값이에요. 통계청에서 발표한 지난해 소비자물가지수가 100이었고, 올해 소비자물가지수가 103이라면 인플레이션율은 3%가 되는 것이죠.

인플레이션율이라고 해서 항상 오르기만 하는 것은 아니고, 마이너스가 될 수도 있습니다. 경기불황 등으로 지난달에 비해 이번 달의 물가가 떨어졌다면, 인플레이션율은 음(-)의 값을 갖습니다. 이렇게 물가가 하락하는 것을 디플레이션 (deflation)이라고 부릅니다.

정리해보면, 인플레이션율은 물가가 오르거나 내려가는 것을 증가율을 통해 측정하는 지표입니다. 인플레이션율이 플러스면 인플레이션, 마이너스면 디플레이션이라고 합니다.

〈도표 2-1〉은 1914~2019년간 미국의 소비자물가지수로 계산한 인플레이션율입니다. 대부분 인플레이션율이 플러스인 인플레이션(물가 상승)을 보이지만, 대공황(Great Depression)이 발생했던 1920년대 후반부터 1930년대 초반까지, 그리고

〈도표 2–1〉 미국의 인플레이션율 (1914~2019년)

(단위 : %)

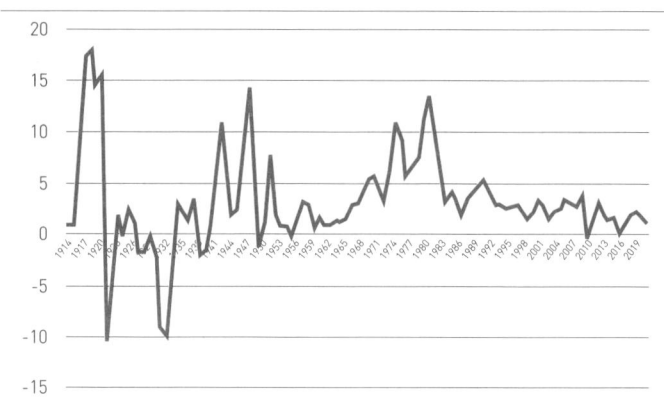

주 : 미국 BLS(Bureau of Labor Statistics)가 제공하는 소비자물가지수를 바탕으로 연도별 인플레이션율을 계산.

잊혀진 공황(Forgotten Depression)이 발생한 1920년대 초반에는 인플레이션율이 마이너스 값을 갖는 디플레이션(물가 하락) 현상을 확인할 수 있습니다.[2]

---

2 1929년부터 약 10년간 지속된 대공황은 미국 역사상 가장 길고, 가장 심각했던 공황입니다. 대공황의 가장 큰 특징은 많은 이들이 일자리를 잃어 실업률이 급격하게 치솟았다는 것입니다. 무료급식소 앞에 줄 서 있는 실업자들의 당시 모습을 보면 대공황의 심각성을 느낄 수 있습니다. 한편 1920년부터 약 1년 6개월간 지속된 '잊혀진 공황'은 1차 세계대전이 끝난 뒤 혼란한 상황에 발생했는데요. 전쟁에서 돌아온 많은 제대군인들이 일자리를 찾을 수 없게 되어 실업률이 급증하고, 단기간에 큰 폭의 디플레이션이 발생한 것이 특징입니다.

화폐수량이론 : 한국은행이 밤낮으로 돈을 찍어내면 생기는 일

...

그러면 물가는 가만있지 않고 왜 계속 오르고 내릴까요? 내 몸무게가 지난달에 비해 갑자기 늘었다면 분명 이유가 있어요. 코로나19 때문에 피트니스클럽이 문을 닫아서 운동을 못했다거나, 집 밖에 나가지 못하는 스트레스 때문에 야식을 많이 먹었다거나 등등이 이유가 되겠죠. 마찬가지로 작년보다 물가가 상승했다면 여기에도 분명 이유가 있을 것입니다.

경제학에서는 여러 이론을 통해 물가 상승의 이유를 설명하는데, 그중 제가 소개할 이론은 '화폐수량이론'입니다. 이론이라고 하니 갑자기 머리가 아파오나요? 여기서도 수학 방정식은 과감히 생략하고 핵심만 뽑아서 설명할 테니 걱정 마세요.

이번 주제인 인플레이션에 대한 화폐수량이론의 핵심을 한 문장으로 표현하면 다음과 같습니다.

"인플레이션율은 중앙은행이 공급하는 통화량으로 결정된다."

한국으로 치면 한국은행이 돈을 얼마나 찍느냐에 따라 인플레이션율이 영향을 받는다는 겁니다. 단, 이러한 통화량과 인플레이션의 관계는 주로 장기적 관점에서 유효하다는 점을 기억해주세요. 단기적 관점은 5장에서 자세히 설명하겠습니다.

만약 제가 초등학생 때 생각한 것처럼 부자 나라가 되자고 한국은행이 밤낮으로 돈을 찍어내면 어떤 일이 생길까요? 화폐수량이론에 따르면, 통화량이 급격히 증가할 테고 그 결과 물가만 급속도로 상승할 것입니다. 어렸을 때 제가 이 이야기를 들었다면 굉장히 실망한 표정으로 이렇게 되물었을 것 같습니다.

"네? 돈을 많이 찍어내면 물가만 오른다고요? 그럼 한국이 부자가 되려면 어떻게 해야 하나요?"

여기서 GDP 개념이 다시 등장합니다. GDP가 뭐였는지 기억하시죠? '특정 기간에 국내에서 생산된 재화와 서비스의 시장가치를 모두 합한 값'이라고 했죠. 이제 여러분은 인플레이션의 개념을 알게 되었으니, 1장에서 말씀드리지 않은 GDP의 비밀 하나를 알려드릴게요.

명목GDP와 실질GDP : 물가의 함정

...

GDP에는 두 종류가 있습니다. 명목(nominal)GDP와 실질 (real)GDP가 그것입니다. 1장의 도표 제목을 유심히 보셨다면 '명목GDP'라 적힌 것을 아셨을 겁니다. 명목과 실질을 구분하는 핵심이 인플레이션이기 때문에 1장에서는 일단 명목GDP만 얘기했습니다. 명목GDP와 실질GDP는 경제에서 매우 중요한 개념이니, 둘의 차이점을 확실하게 알아두세요.

우리는 장을 볼 때 구입한 물건의 시장가치를 셈해보곤 합니다. 장을 보고 받은 영수증에는 구입한 품목들의 가격과 몇 개를 샀는지가 나오고, 맨 밑에는 총액이 나오잖아요? 그게 곧 시장가치죠. 규모가 엄청나게 클 뿐, GDP를 계산하는 방식도 똑같습니다. 특정 기간에 한국에서 생산된 모든 재화와 서비스의 수량에 가격을 곱한 뒤 전부 더한 값이 GDP니까요. 공식으로 나타내면 이렇습니다.

GDP=(재화1의 가격×재화1의 생산량)+(재화2의 가격×재화2의생산량)+⋯

그런데 이 계산방식에는 문제가 있습니다. 예를 들어 한국의 GDP가 2020년에 비해 2021년에 10% 상승했습니다. "GDP가 10%나 올랐어? 축하할 일이네!"라며 샴페인을 신나게 흔들고 뚜껑을 따려는 순간, 뭔가 이상한 기분이 들어 샴페인 병을 슬며시 내려놓습니다. 이상한 기분의 정체는 뭘까요? 자세히 살펴보니, 재화와 서비스 수량은 작년이나 올해나 똑같은데, 재화와 서비스 가격만 10%나 상승한 거죠. 즉 경제 규모는 그대로인데 물가가 올라서 GDP가 덩달아 증가한 것입니다. '현재 시점의 가격(current price)'으로 계산한 명목GDP를 사용할 때 나오는 현상입니다.

공식으로 볼까요? 2020년과 2021년의 명목GDP는 다음과 같이 계산합니다.

2020년 명목GDP=(재화1의 2020년 가격×재화1의 2020년 생산량)+(재화2의 2020년 가격×재화2의 2020년 생산량)+…

2021년 명목GDP=(재화1의 2021년 가격×재화1의 2021년 생산량)+(재화2의 2021년 가격×재화2의 2021년 생산량)+…

명목GDP에 생산량의 증가분뿐 아니라 색깔로 표시한 것처럼 2020~21년의 물가상승분도 섞여 있는 것이 보이죠.

우리가 GDP를 계산하는 근본적인 이유가 뭘까요? '실제로 국내에서 얼마나 많이 생산했는지' 알고 싶기 때문입니다. 즉 가격 변화는 제외하고 오로지 생산량의 변화만을 보려는 것이죠. 그런 맥락에서 앞의 계산식은 우리가 원하는 결과를 알려주지 못합니다.

이 문제는 GDP를 계산할 때 현재 가격 대신 기준 연도의 가격을 이용하는 실질GDP를 통해 해결할 수 있습니다. 예를 들어 기준 연도를 2020년으로 잡았을 경우, 2021년의 실질 GDP를 계산할 때 기준 연도인 2020년의 가격을 그대로 쓰고, 생산량만 2021년의 수량을 쓰는 것이죠. 다음처럼요.

2020년 실질GDP = (재화1의 2020년 가격×재화1의 2020년 생산량)+(재화2의 2020년 가격×재화2의 2020년 생산량)+⋯
2021년 실질GDP = (재화1의 2020년 가격×재화1의 2021년 생산량)+(재화2의 2020년 가격×재화2의 2021년 생산량)+⋯

이처럼 가격을 특정 연도에 고정하는 것을 불변가격

(constant price)이라고 해요. 불변가격을 이용해 GDP를 계산하면, 해당 기간의 물가 상승 효과는 완전히 제거되고 색깔로 표시한 것처럼 오직 생산량의 변화만을 측정할 수 있습니다.

실제 예를 통해 명목GDP와 실질GDP의 차이를 비교해보죠. 〈도표 2-2〉는 1960~2020년간 한국의 명목GDP를, 〈도표 2-3〉은 같은 기간의 실질GDP를 나타냅니다. 여기서 명목GDP는 각 연도의 가격을 사용해서 계산했고, 실질GDP는 2010년 기준의 불변가격을 사용해 계산했습니다.

차이점이 보이죠? 명목GDP에는 물가상승분까지 포함되어 중간중간 큰 변동이 있는 반면, 물가상승분을 제거한 실질GDP는 IMF 외환위기가 있었던 1998년과 글로벌 금융위기가 있었던 2009년을 제외하면 변동폭이 상대적으로 작아 보이네요.

참고로 1장에서 보여드린 한국과 필리핀의 GDP 비교는 실질GDP를 이용했습니다. 시간의 흐름에 따라 생산량이 어떻게 변하는지 관찰하기 위해서는 반드시 실질GDP를 사용해야 한다는 점을 잊지 마세요.

〈도표 2-2〉 대한민국의 명목GDP (1960~2020년)

(단위 : 연도별 10억 미국 달러)

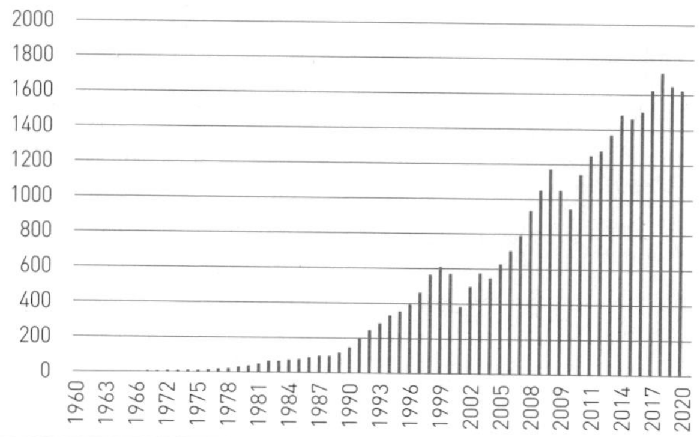

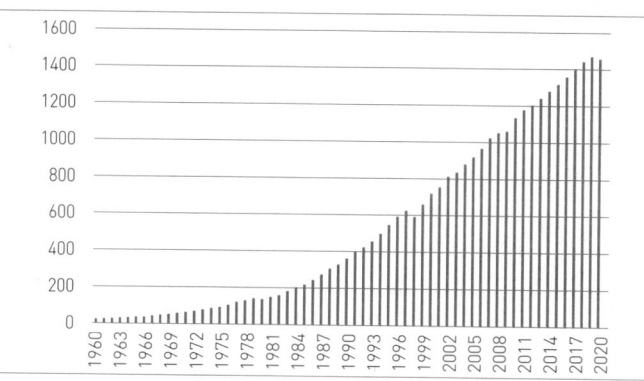

주 : data.worldbank.org에서 제공하는 자료를 사용.

〈도표 2-3〉 대한민국의 실질GDP (1960~2020년)

(단위 : 2010년 기준 10억 미국 달러)

주 : data.worldbank.org에서 제공하는 자료를 사용.

통화의 중립성 : 실질GDP와 통화량은 관계가 없다

...

명목GDP와 실질GDP에 대해 알아봤으니, 인플레이션 이 야기로 돌아와 볼까요. 화폐수량이론에 따르면 통화량 증가 는 물가 상승으로 이어진다고 했던 말 기억나죠? 이 말을 적 용하면, 통화량이 늘어나 생기는 인플레이션은 오로지 명목 GDP만 증가시킵니다. 실질GDP에는 아무런 영향을 주지 못 해요. 한 나라의 장기적 경제성장을 측정하는 실질GDP와 화 폐 발행은 서로 관련이 없다는 뜻이죠.

'화폐의 중립성(monetary neutrality)'이라는 개념이 여기서 나옵니다. 실질GDP를 증가시켜 한 국가의 경제성장을 도모 할 때 통화량이나 물가 같은 것은 고려하지 않아도 된다는 의 미입니다.

이제 여러분은 인플레이션에 대한 모든 지식을 갖췄습니 다. 누가 인플레이션이 뭐냐 물어보면 이렇게 알려주시면 됩 니다.

"내가 요즘 《경제의 질문들》이라는 책을 읽고 있거든? 글 쓴이는 어렸을 때 한국은행에서 돈을 많이 찍어내면 우리나라가 부자가 될 수 있을 거라 생각했대. 그런데 화폐수량이론이라는 것에 따르면, 은행에서 돈을 많이 찍으면 물가만 올라가고, 한 나라의 장기적 경제성장을 측정하는 실질GDP에는 아무런 영향도 주지 못한다는 거야. 이걸 한마디로 하면 통화의 중립성이래. 너도 처음 듣지?"

1장에서 살펴본 GDP에 2장의 주제인 인플레이션이 더해지는 것만으로도 훨씬 풍부한 이해가 가능하죠? 이처럼 경제변수는 서로 연결돼 있습니다. 개별 변수에 대해 아는 것도 중요하지만 변수 간의 관계를 이해하는 것이 우리의 최종 목표입니다. 2장에서 GDP와 인플레이션 사이에 작은 다리 하나가 연결됐습니다. 앞으로도 계속 경제변수를 보면서 서로를 연결해갈 예정입니다.

GDP 디플레이터

앞에서 본 소비자물가지수 외에 물가수준을 측정하는 또 다른 방법이 있습니다. 바로 GDP 디플레이터(GDP deflator)입니다.

소비자물가지수에서는 소비자가 많이 사용하는 재화와 서비스를 뽑아 계산합니다. 그런데 소비자물가지수에 포함된 항목 외에도 우리에게 중요한 재화나 서비스가 있겠죠? 그렇게 따지면 우리가 계산해야 할 항목이 엄청나게 많아집니다. 이럴 때 GDP를 사용하면 한 나라에서 생산된 모든 상품과 재화의 가격이 얼마나 뛰었는지를 알 수 있습니다. 이를 위해 GDP 디플레이터를 사용합니다.

GDP 디플레이터는 명목GDP와 실질GDP의 비율로 계산하며, 공식은 다음과 같습니다.

$$GDP\ 디플레이터 = \frac{명목GDP}{실질GDP}$$

공식만 봐서는 어떤 원리로 인플레이션율을 측정하는지 알기 어렵죠? 예를 하나 들어보겠습니다. A라는 나라가 있는데, 오로지 자동차만 만드는 나라입니다. A나라의 2021년 명목GDP와 실질GDP는 다음과 같이 계산할 수 있습니다(실질GDP의 기준 연도는 2020년).

2021년 명목GDP=2021년 자동차 가격×2021년 자동차 생산량
2021년 실질GDP=2020년 자동차 가격×2021년 자동차 생산량

이것을 GDP 디플레이터 식에 대입해볼게요. 2021년 자동차 생산량이 분모와 분자에 공통으로 들어가므로 생략되고 나면, A나라의 GDP 디플레이터 공식은 다음과 같습니다.

$$GDP디플레이터 = \frac{2021년 \ 자동차 \ 가격}{2020년 \ 자동차 \ 가격}$$

어떤가요? GDP 디플레이터를 통해 기준 연도인 2020년의 자동차 가격과 2021년의 자동차 가격의 비율을 확인할 수 있죠? 이 원리를 확장해보면 GDP 디플레이터는 명목GDP와 실질GDP의 비율을 통해 기준 연도에 비해 경제 전반의 물가 수준이 얼마나 변했는지를 측정할 수 있습니다. 다만 GDP에는 국내에서 생산된 재화와 서비스만 포함되기 때문에 GDP 디플레이터는 수입품의 가격 변화는 측정할 수 없답니다.[1]

---

1   Mankiw, N. Gregory. *Macroeconomics* (New York: Worth Publishers, 2019), p.33.

CHAPTER 3

이자율

"인플레이션은 이자율에 어떤 영향을 미칠까?"

모 은행 앞에 아래와 같은 내용의 현수막이 걸려 있었습니다.

정기예금 특판! 기간 : 2021.10.1~2021.10.8. 5영업일

2.0 to 2.2

(우대금리항목 충족 시, 금리는 기간별 상이, 신규자금에 한함. 단위 : %)

기간 한정으로 정기예금에 대해 2.0~2.2%의 이자율을 지급한다는 광고네요. 마침 여러분에게 목돈이 있는데, 그 돈을 저 정기예금에 예치한다면 1년 뒤 원금과 함께 원금의 약 2%만큼 이자를 받을 거예요. 창구에서 원금과 이자를 수령한 뒤 '나의 부(wealth)가 2% 정도 증가했네'라고 생각하며 은행

문을 나서겠죠.

그러나 이번 장의 주제인 '이자율(interest rate)'을 읽고 나면 정기예금 원금과 이자를 수령하고 은행 문을 나설 때 여러분의 생각이 조금은 달라질지도 모릅니다.

이자율의 정의부터 알아보죠. 경제학에는 이자율에 대한 다양한 정의가 있습니다. 가장 쉬운 개념은 '돈을 빌려주면서 받는 대가와 돈을 빌리면서 내야 하는 비용'이 이자율이라는 겁니다.

을이 갑에게 100만 원을 빌리는 상황을 가정해보겠습니다. 갑의 입장에서 을에게 100만 원을 빌려주는 것은 무슨 의미일까요? 갑이 그 100만 원으로 할 수 있는 소비나 투자 등의 다른 일을 포기한다는 뜻입니다. 그러니 포기에 대한 '적절한' 수준의 보상을 요구할 수 있겠죠?

을의 입장에서 보면 어떨까요? 갑에게 빌린 100만 원으로 무언가를 해볼 기회가 생깁니다. 다만 그 기회에 대한 '적절한' 수준의 대가를 갑에게 지불해야 하겠죠. 이처럼 이자율은 채권자가 생각하는 적절한 보상과, 채무자가 생각하는 적절한 대가가 만나는 지점에서 결정됩니다.

명목이자율 vs. 실질이자율 : 이자로 치킨을 사먹을 수 있을까?

...

경제학에는 두 가지 이자율이 존재합니다. 바로 '명목이자율(nominal interest rate)'과 '실질이자율(real interest rate)'입니다. 명목과 실질? 어디서 들어본 것 같죠? 네, 맞습니다. 2장에서 인플레이션을 다루며 명목GDP와 실질GDP를 소개했죠. 말 나온 김에 복습해볼게요. 두 GDP의 차이가 뭘까요? 명목GDP에는 물가수준의 변화가 포함된 반면, 실질GDP는 오로지 생산량의 변화만 측정합니다. 즉 인플레이션을 포함하는지 여부가 구별 기준입니다. 명목이자율과 실질이자율도 이와 비슷한 방식으로 구분할 수 있습니다.

명목이자율은 화폐 단위가 기준이에요. 일상생활 또는 뉴스에서 말하는 이자율은 모두 명목이자율입니다. 앞에서 본 은행 현수막의 정기예금 이자율도 명목이자율이고요. 만약 여유자금 100만 원을 2%의 (명목)이자율을 지급하는 정기예금에 예치하면, 1년 뒤 100만 원의 2%에 해당하는 2만 원을 이자로 받을 겁니다. 그리고 통장에는 102만 원이 찍히겠죠.[1]

---

1   원래 이자소득에 세금이 붙지만, 논의를 간단하게 만들고자 세금이 없는 걸로 가정할게요.

반면 실질이자율은 화폐 단위가 아니라 재화 단위를 기준으로 측정하는 이자율을 말합니다. 예를 들어 일주일에 여섯 번은 치킨과 맥주를 먹는 오치맥 씨에게 여유자금 100만 원이 있다고 가정해보죠. 오치맥 씨가 세상을 바라보는 기준은 다름 아닌 치킨입니다. 치킨 가격이 2만 원이라면, 그에게 여유자금 100만 원은 '50치킨'인 셈이죠.

만약 치맥 씨가 2% (명목)이자율을 지급하는 정기예금에 100만 원을 예치하면, 화폐 단위 기준으로 2만 원의 이자가 생기죠. 하지만 치맥 씨는 치킨으로 세상을 바라보는 사람인지라 이자로 받는 2만 원보다는 그 돈으로 치킨을 얼마나 사 먹을 수 있는지가 중요해요. 그에게 정기예금에 대한 이자는 2만 원이 아닌 '1치킨'입니다.

이처럼 화폐 단위가 아닌, 치킨과 같은 재화 단위로 이자율을 계산하는 것을 실질이자율이라고 생각하면 됩니다. 치맥 씨 기준으로 보면 '50치킨'을 예금해서 이자 '1치킨'을 받았으니, 실질이자율도 명목이자율과 같은 2%(1치킨/50치킨)가 되겠네요.

그런데 말입니다. 1년 뒤 은행에서 정기예금의 원금에 이자를 더한 102만 원을 찾고서 곧바로 치킨집으로 향한 오치맥 씨는 충격과 분노에 휩싸입니다. 그사이 치킨 가격이 올랐거든요. 치맥 씨가 100만 원을 정기예금에 넣어둔 1년 동안 치킨 한 마리 가격이 2만 원에서 2만 1,000원으로 5% 올랐어요. 예금에 대한 이자로 받은 2만 원으로는 이제 치킨 한 마리도 사 먹을 수 없게 된 것입니다.

문제는 이자만이 아닙니다. 1년 전에는 원금만 '50치킨'이었는데, 이제는 원금에 이자까지 다 합쳐도 '48.5치킨'뿐입니다. 치맥 씨의 부는 오히려 줄어든 셈이죠.

치맥 씨는 우리에게 교훈을 주었습니다. 일상에서 늘 마주치는 명목이자율뿐 아니라 눈에 보이지 않는 실질이자율도 함께 봐야 한다는 것입니다.

치맥 씨를 충격에 빠뜨린 실질이자율은 뉴스나 은행에서 말하는 명목이자율에서 인플레이션(물가 상승)의 영향을 제외한 이자율을 말합니다. 공식으로 표현하면 다음과 같습니다.

실질이자율=명목이자율-인플레이션율

〈도표 3-1〉 **미국의 명목이자율과 실질이자율 (1961~2020년)** (단위 : %)

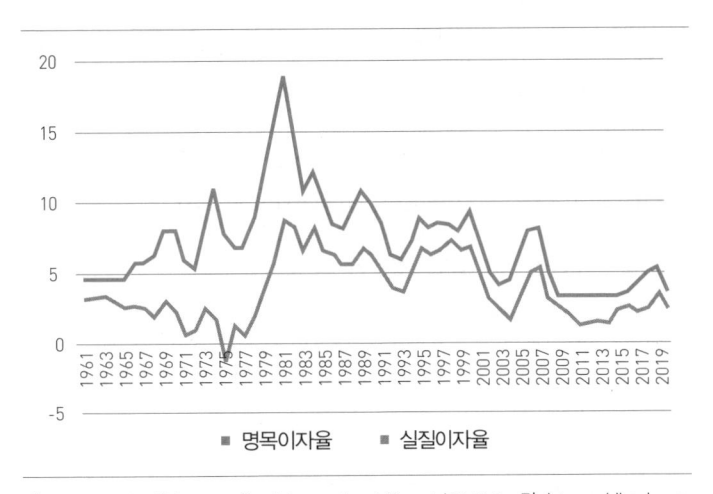

자료 : International Monetary Fund, International Financial Statistics 및 data.worldbank.org
주 : 명목이자율은 IMF가 제공하는 대출금리(lending interest rate) 자료를 사용했으며, 실질이자율은 명목이자율에서 GDP 디플레이터로 측정된 인플레이션을 조정해준 값.

우리가 현수막에서 본 정기예금은 이자율이 2%였죠? 명목이자율 자리에 2%를 넣으면 됩니다. 그 정기예금에 돈을 넣어둔 1년간 인플레이션율이 1%였다면, 실질이자율은 1%(명목이자율 2%-인플레이션율 1%)가 되고요. 그런데 인플레이션율이 3%였다면 어떨까요? 실질이자율이 -1%, 오히려 돈을 넣어둔 게 손해입니다. 단순히 이자율로만 접근하면 예금이 오히려 손해

일 수 있어요.

〈도표 3-1〉은 1961~2020년간 미국의 명목이자율과 실질이자율 추이입니다. 1970년대에 두 항목의 차이가 눈에 들어오네요. 예컨대 1975년의 명목이자율은 약 7.8%인데 실질이자율은 약 -1.2%입니다. 무슨 의미일까요? 굉장한 인플레이션이 있었다는 뜻입니다.

이번에는 1981년을 볼까요? 명목이자율은 무려 18.8%, 실질이자율도 8.6%나 되네요. 인플레이션율은 대략 10% 정도로 보입니다. 2차 오일쇼크로 물가도 뛰고, 이자율도 뛰었던 시기입니다. (오일쇼크에 대해서는 뒤에서 다시 얘기할게요.)

명목이자율과 실질이자율의 추이를 보니 인플레이션이라는 개념이 얼마나 중요한지가 보이죠? 실질이자율과 명목이자율의 관계식은 꼭 외워두세요. 두고두고 유용하게 사용할 수 있을 겁니다.

참고로, 실질이자율과 명목이자율의 관계는 경제학자 어빙 피셔(Irving Fisher)의 이름을 따서 '피셔 방정식(Fisher Equation)'이라 부릅니다. 피셔 방정식의 원래 형태는 다음과 같습니다.

> ## 명목이자율=실질이자율+인플레이션율

이자율 : 경제 전반의 투자 수준을 결정하는 변수

...

이자율은 왜 중요할까요? 경제학에서 이자율은 경제 전반의 투자(investment) 수준을 결정하는 변수이기 때문입니다.

어떤 기업이 신규 투자로 공장을 지으려고 합니다. 이 기업은 현금이 부족해서 투자금 전액을 은행에서 빌려야 하는데, 그렇게 해서 공장을 지으면 투자금 대비 5%만큼의 수익이 날 거라 예상됩니다. 그런데 은행에서 제시한 대출 이자율이 6%라면 어떨까요? 기대수익률 5%에 비해 대출 이자율이 1%포인트 높으니 이 기업은 해당 투자를 취소할 가능성이 큽니다. 반면 대출 이자율이 3%라면 기대수익률이 이자율보다 높으므로 계획대로 투자를 실행하겠죠.

기업뿐 아니라 가계도 투자의 중요한 주체입니다. 대표적인 예가 부동산 투자인데요. 부동산 가격은 가계소득에 비해 무척 비싸기 때문에 보통은 주택담보대출로 비용을 조달합니다. 그리고 당연하게도, 주택담보대출의 이자율은 부동산 투자에 큰 영향을 줍니다.

아파트를 사려는 사람을 예로 들어볼까요? 대출받아 산 아파트를 1년 후 되팔 경우 기대할 수 있는 수익률이 5%인데, 이자율이 7%라면 어떨까요? 매년 대출 이자로 나가는 비용이 수익률보다 높으니 아파트 매수를 보류할 가능성이 크겠죠. 반대로 대출 이자율에 비해 기대수익률이 높다면 아마 계획대로 아파트를 매수할 겁니다.

최근 몇 년 사이 한국의 아파트 가격이 급격히 상승한 데에는 복합적인 이유가 있는데, 이번 장에서 살펴본 이자율의 관점에서도 아파트 가격 상승을 설명할 수 있을 것입니다. 대출을 통해 구입한 부동산의 기대수익률이 대출 이자율에 비해 많이 높았다면, 이자율을 부동산 투자 증가 및 아파트 가격 상승의 요인 중 하나로 볼 수도 있을 거예요.

일반적으로 경제학에서는 이자율이 낮을수록 투자가 증가하고, 이자율이 높을수록 투자는 감소한다고 봅니다. 이때 투자에 영향을 주는 이자율은 '실질이자율'입니다. 앞서 2장에

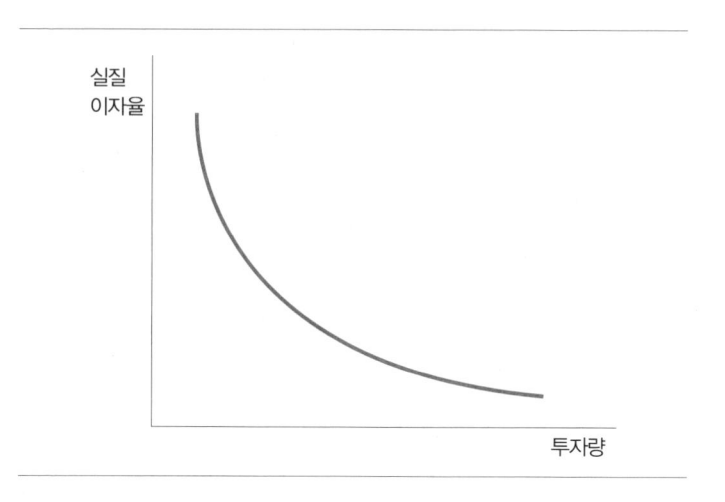

서 경제성장을 다룰 때 인플레이션을 제외한 실질GDP를 사용한 것처럼, 투자에 영향을 주는 이자율은 인플레이션 효과를 제거한 실질이자율을 사용합니다.

실질이자율과 투자의 관계를 그래프로 표현하면 〈도표 3-2〉처럼 반비례하는 모양이 됩니다. 이 관계는 앞에서 자세히 살펴볼 경제변동과 통화정책에서 다시 사용되니 꼭 기억해두세요.

지금까지 이자율에 대해 알아보았습니다. 이제부터 은행 앞을 지나가다 명목이자율에 대한 광고를 발견한다면, 그 안에 감추어진 실질이자율의 존재를 꼭 함께 생각해보세요. 은행에서 정기예금의 원금과 이자를 수령할 때에도 명목이자율만 보지 마시고 그동안의 인플레이션을 바탕으로 실질이자율이 얼마나 되는지도 한번 계산해보시고요.

CHAPTER 4
실업률

"취업을 포기하고
집에서 쉬는 사람이 많아지면
실업률이 올라갈까?"

이번 장은 그래프로 시작해보겠습니다. 〈도표 4-1〉은 1948
년 1월부터 2021년 9월까지 미국의 실업률 추이입니다. 그런
데 이 그래프에는 뭔가 특이한 점이 있습니다. 찾아보세요.

〈도표 4-1〉 **미국의 실업률 (1948년 1월~2021년 9월)** (단위 : %, 계절 조정됨)

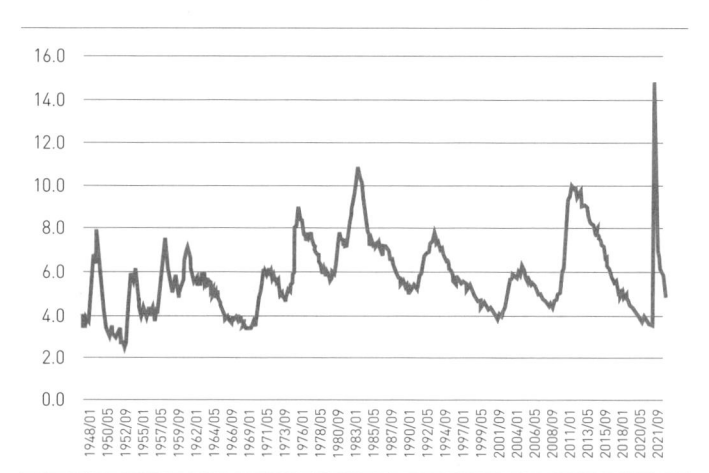

자료 : U.S. Bureau of Labor Statistics, Unemployment Rate [UNRATE], retrieved from FRED,
Federal Reserve Bank of St. Louis; https://fred.stlouisfed.org/series/UNRATE, October 29,
2021.

찾으셨나요? 그래프 오른쪽 끝이 갑자기 확 튀죠? 바로 코로나19 팬데믹의 공포가 들이닥쳤을 때입니다. 2020년 1~4월 동안 미국에서는 약 2,210만 개의 일자리가 사라졌고, 그 결과 2020년 4월 실업률은 무려 14.8%까지 치솟았어요.[1] 미국이 실업률 데이터를 집계하기 시작한 1948년 이래 가장 높은 실업률이고, 글로벌 금융위기가 있었던 2009년 10월 실업률인 10%를 훨씬 뛰어넘는 수치입니다.

실업률은 앞에서 살펴본 GDP, 인플레이션, 이자율만큼이나 중요한 경제변수입니다. 실업률이 개개인의 삶과 아주 밀접하게 연결되기에 더욱 그렇습니다. 성실하게 회사를 다니던 사람이 갑작스러운 경기 악화로 새 일자리를 찾아야 하는 상황, 그리고 열심히 구직 중인 졸업 예정자가 연달아 고배를 마시는 경우가 실업률 수치에 다 녹아 있기 때문이죠.

따라서 한 국가의 실업률이 갑자기 올랐다면, 그것은 실직 등으로 새 일자리를 찾아야 하는 압박감에 시달리는 사람의 비율이 높아진 걸로도 이해할 수 있어요. 실업률이 증가할수

---

1 Congressional Research Service, "Unemployment Rates during the COVID-19 Pandemic," August 20, 2021. R46554.

록 사회의 전반적인 분위기는 당연히 무거워지겠죠. 혈압, 콜레스테롤, 체지방 수치 등을 통해 우리 몸에 어떤 문제가 있는지 알 수 있듯이, 한 나라의 경제가 얼마나 건강한지 알고 싶을 때 반드시 확인하는 변수가 실업률입니다. 우리나라는 통계청이 '경제활동인구조사'를 통해 매달 실업률을 측정합니다.

실업률을 측정하려면 먼저 '실업자'의 개념을 알 필요가 있습니다. 통계청이 정의하는 실업자란 '조사 시점에 수입이 있는 일을 하지 않았고, 지난 4주 동안 적극적으로 구직 활동을 한 사람, 일자리가 주어지면 즉시 취업 가능한 사람'입니다. 이들 실업자와 현재 일하고 있는 취업자를 합해서 '경제활동인구(labor force)'라고 해요.[2] 실업률은 이 경제활동인구(취업자+실업자) 대비 실업자의 비율을 계산한 것이고요.

$$실업률 = \frac{실업자}{경제활동인구} \times 100 = \frac{실업자}{취업자+실업자} \times 100$$

[2] 통계청의 기준에 따르면, 취업자는 조사대상주간에 수입을 목적으로 1시간 이상 일한 자, 동일가구 내 가구원이 운영하는 농장이나 사업체의 수입을 위해 주당 18시간 이상 일한 무급가족종사자, 직업 또는 사업체를 가졌으나 일시적인 병 또는 사고, 연가, 교육, 노동쟁의 등의 사유로 일하지 못한 일시 휴직자 등을 의미합니다.

이때 주의해야 할 점이 있는데요. 지난 4주 동안 일자리를 찾아 적극적으로 구직 활동을 '하지 않은' 사람은 실업률 계산에 포함되지 않는다는 것입니다. 한마디로 '아무런 구직 활동 없이 그냥 집에서 쉬는 사람'은 실업자에 집계되지 않으니, 결과적으로 경제활동인구에서도 제외되는 것이죠.

이처럼 취업자도 실업자도 아닌 이들을 '비경제활동인구 (not in the labor force)'라 합니다. 구직 활동을 포기한 사람을 비롯해 전업주부, 은퇴자, 아르바이트를 전혀 하지 않는 대학생 등이 해당됩니다. 이들은 실업률 산출 시 고려 대상에서 빠지므로, 실업률 수치를 볼 때 약간의 주의가 필요합니다.

경제활동 참가율 : 실업률 감소가 좋은 소식만은 아니다?

...

미국의 실업률은 2020년 4월, 역대 최고치인 14.8%를 찍은 후 지속적으로 떨어져 2021년 9월에는 4.8%를 기록했습니다. 실업률이 감소하니 마치 건강검진에서 콜레스테롤 수치가 떨어진 것처럼 반길 일이지만, 이번에는 상황이 미묘하게 다릅니다. 팬데믹으로 갑작스레 일자리를 잃었던 미국인 가운데 상당수가 구직 활동을 아예 단념했기 때문입니다. (아마도 주정부에서 지급하던 실업수당 외에 연방정부에서 추가로 특별실업수당 등을 제공한 것이 영향을 미쳤을 겁니다.) 방금 설명했듯이 이들은 실업자가 아니라 비경제활동인구에 포함되기 때문에 실업률 계산에서는 제외됐어요. 즉 미국의 실업률 감소는 새 일자리가 늘어나 실업자가 취업한 경우뿐 아니라, 구직 활동을 포기해 버린 사람의 비율이 높아진 것도 영향을 미쳤을 겁니다.

그래서 일부 경제학자들은 미국의 실업률이 지금처럼 계속 낮아지는 것보다 차라리 살짝 올라가는 것이 더 좋은 소식일 수도 있다고 주장합니다.[3] 구직 활동을 포기했던 사람들이 다시 일자리를 찾으며 실업자로 집계되고, 그 결과 단기적으로 실업률이 올라가는 흐름을 바라는 것이죠. 실업률이 오르는 편이 오히려 건강할 수 있다니, 구직 포기자와 실업자의 개념이 다른 데에서 오는 현상입니다.

이러한 허점을 보완하기 위해 '경제활동 참가율(laborforce participation rate)'을 함께 봅니다. 한국의 경우 만15세 이상의

---

3 Eric Morath, "Falling Unemployment Could Add to Worries About the U.S. Labor Market," *The Wall Street Journal*, Oct. 3, 2021.

인구수에 비해 경제활동인구가 얼마나 되는지를 비율로 계산해 경제활동 참가율을 산출합니다. 이를 통해 한 국가의 생산가능인구 가운데 실제로 경제활동에 참여하는 인구의 비중을 측정할 수 있습니다.

$$경제활동\ 참가율 = \frac{경제활동인구}{15세\ 이상\ 인구} \times 100$$

〈도표 4-2〉는 1948년 1월부터 2021년 9월까지 미국의 경제활동 참가율입니다. 그래프의 우측 끝을 보면, 2020년 4월에 급격하게 떨어졌다가 다시 상승하기는 했지만 팬데믹 이전 수준으로 회복하지는 못했네요. 다시 말해 팬데믹 이전에는 경제활동인구였다가 비경제활동인구로 이탈했던 사람 중 상당수가 노동시장으로 돌아오지 않았다는 뜻으로 해석할 수 있습니다. 미국의 실업률이 팬데믹 이후 다시 좋아지고 있음에도 마냥 기뻐할 수 없는 이유입니다. 향후 미국 노동시장이 회복됐는지 판단할 때는 실업률과 더불어 경제활동 참가율도 같이 보면 좋겠군요.

〈도표 4-2〉 미국의 경제활동 참가율 (1948년 1월~2021년 9월)

(단위 : %, 계절 조정됨)

자료 : U.S. Bureau of Labor Statistics, Labor Force Participation Rate [CIVPART], retrieved from FRED, Federal Reserve Bank of St. Louis; https://fred.stlouisfed.org/series/CIVPART, October 29, 2021.

필립스 곡선 : 실업률과 인플레이션율은 반비례한다

...

실업률의 개념을 살펴봤으니, 이제 우리가 앞에서 다뤘던 경제변수들과 연결해보도록 하겠습니다.

먼저 물가와 실업률의 관계입니다. 〈도표 4-3〉은 1950~2020년간 미국의 연도별 인플레이션율 변화와 실업률의 조합을

〈도표 4-3〉 미국의 실업률과 인플레이션율의 변화 (1950~2020년)

(단위 : 세로축 %p, 가로축 %)

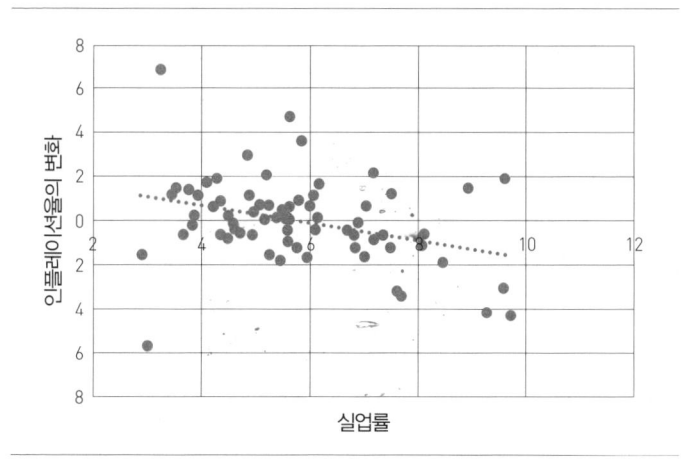

자료 : U.S. Bureau of Labor Statistics, Consumer Price Index for All Urban Consumers: All Items in U.S. City Average [CPIAUCSL], Unemployment Rate [UNRATE], retrieved from FRED, Federal Reserve Bank of St. Louis; https://fred.stlouisfed.org/series/CPIAUCSL, October 29, 2021.; Blanchard, Olivier. *Macroeconomics* (Essex:Pearson Education, 2021), p.53.
주 : 1950년부터 2020년까지의 연도별 자료를 사용.

분산형 그래프로 나타낸 것입니다. 점선으로 표시된 추세선이 보여주는 바와 같이, 인플레이션율 변화와 실업률 사이에는 반비례 관계가 성립합니다. 즉 실업률이 낮을 때는 인플레이션율이 올라가는 경향이 있고, 실업률이 높을 때는 인플레이션율이 낮아지는 경향이 있어요.

경제학에서는 실업률과 인플레이션율 사이의 이러한 관계를 필립스 곡선(Phillips Curve)이라 부릅니다. 이 관계성을 처음 발견한 경제학자 윌리엄 필립스(William Phillips)의 이름에서 따온 것입니다. 다만 현재의 필립스 곡선은 최초에 필립스가 만든 버전과는 다른데요. 여기에는 노벨 경제학상 수상자인 밀턴 프리드먼(Milton Friedman)과 에드먼드 펠프스(Edmund Phelps)가 큰 기여를 했습니다.[4]

오쿤의 법칙 : 실업률과 실질GDP 성장률은 반비례한다

...

다음은 실질GDP와 실업률의 관계입니다. 〈도표 4-4〉는 1950~2020년간 미국의 연도별 실질GDP 성장률과 실업률 변화의 조합을 분산형 그래프로 보여주고 있습니다.

앞서 살펴본 필립스 곡선의 추세선과 유사하게 실질GDP

---

4 특히 밀턴 프리드먼이 1968년에 쓴 논문(Friedman, Milton. "The Role of Monetary Policy." *American Economic Review* 58. 1. (1968): 1 – 17.)은 필립스 곡선뿐 아니라 현대 거시경제학에 많은 영향을 준 만큼 한번 읽어보실 것을 추천합니다. (무료이고, 수학식도 전혀 안 나옵니다.)

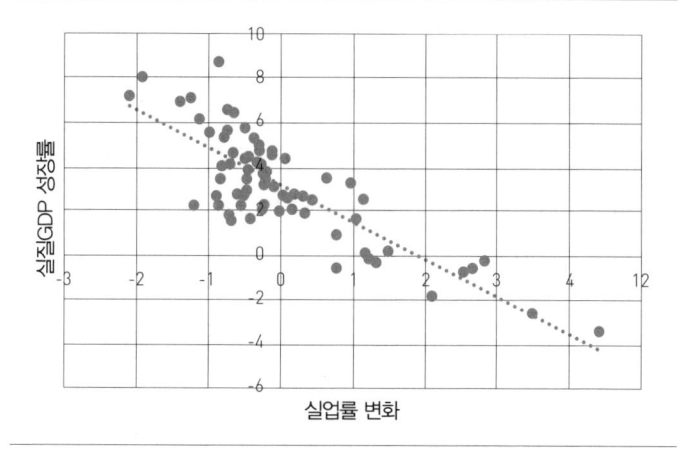

〈도표 4-4〉 미국의 실업률과 실질GDP 성장률 (1950~2020년)

(단위 : 세로축 %, 가로축 %p)

자료 : U.S. Bureau of Economic Analysis, Real Gross Domestic Product [GDPCA], Unemployment Rate [UNRATE], retrieved from FRED, Federal Reserve Bank of St. Louis; https://fred.stlouisfed.org/series/GDPCA, October 29, 2021.; Blanchard,Olivier. Op. cit.p.52. 주 : 1950년부터 2020년까지의 연도별 자료를 사용.

증가율과 실업률 변화도 서로 역관계인 것을 알 수 있죠. 즉 실질GDP 성장률이 높을 때는 실업률이 하락하고, 반대로 실질GDP 성장률이 낮을 때는 실업률이 증가합니다. 이처럼 실질GDP 성장률과 실업률 간의 상충관계를 오쿤의 법칙(Okun's Law)이라 부릅니다. 네, 이 관계를 처음 발견한 경제학자 아서

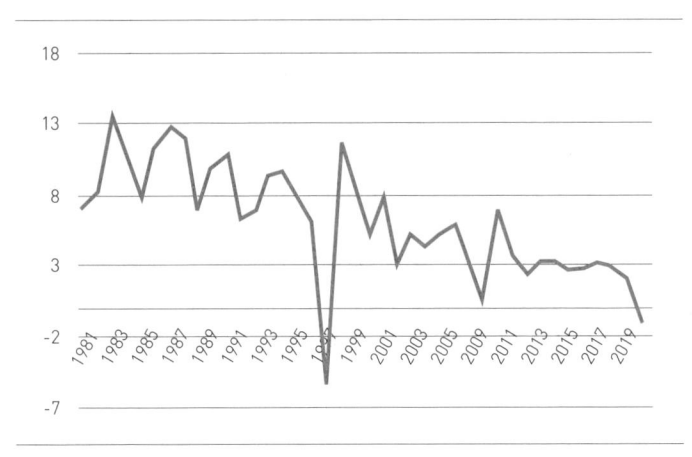

〈도표 4-5〉 **대한민국의 실질GDP 성장률 (1981~2020년)**　　　(단위 : %)

자료 : 한국은행, 〈국민소득〉
주 : 전년 대비 증가율

오쿤(Arthur Okun)의 이름에서 따온 것입니다.

　한국은 어떨까요? 〈도표 4-5〉를 보면, 1980년대부터 1990년대 중반까지 한국의 실질GDP는 전체적으로 높은 성장률을 유지했습니다. 이처럼 실질GDP가 꾸준히 성장한 덕에 그 시절에는 아무리 학점이 낮아도 대학만 나오면 원하는 직장을 골라서 갈 수 있었다는 전설 같은 이야기가 전해지고 있죠. 반면 IMF 외환위기가 왔던 1998년, 글로벌 금융위기가

〈도표 4-6〉 미국의 실업률과 경기 침체기 (1948년 1월~2021년 9월)

(단위 : %)

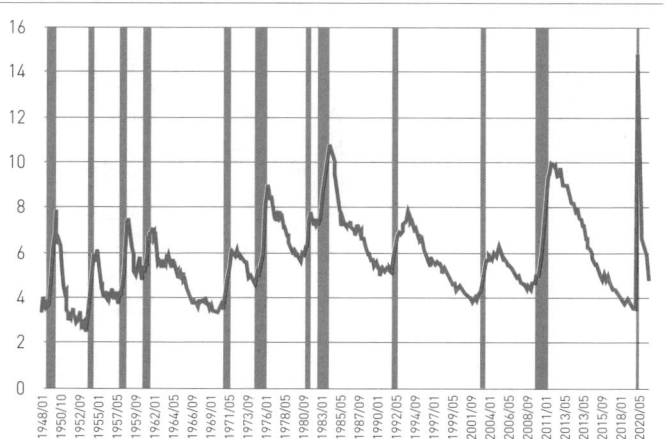

자료 : Federal Reserve Bank of St. Louis, NBER based Recession Indicators for the United States from the Period following the Peak through the Trough [USREC], retrieved from FRED, Federal Reserve Bank of St. Louis; https://fred.stlouisfed.org/series/USREC, October 29, 2021.
주 : 회색 기둥은 전미경제연구소에서 식별한 미국의 경기 침체기(recession)

세계를 휩쓴 2009년, 그리고 코로나19 팬데믹이 들이닥친 2020년에는 한국의 실질GDP가 하락하거나 크게 둔화되었습니다. 이 시기의 졸업생들은 원하는 직장을 찾기가 몹시 어려웠을 것이라 짐작할 수 있습니다.

직업을 구할 때 경제변동도 살펴야 하는 이유

...

〈도표 4-6〉은 4장 첫머리에서 살펴본 미국의 실업률 그래프에 회색으로 경기 침체기를 표시한 것입니다. 회색 기둥마다 그래프가 치솟는 게 보이나요? 우리는 이를 오쿤의 법칙에서 이미 확인했습니다. 단기적으로 경제 상황이 어려워지면 실업률이 올라간다는 것이죠. 경기가 팽창하는지 침체하는지가 구직 활동에 얼마나 중요한지 알 수 있습니다.

단, 여기에는 중요한 단서조항이 있습니다. 실업률과 인플레이션율 및 실질GDP 간의 관계는 '단기'에 성립한다는 사실입니다. 반면 앞에서 소개한 솔로우 모형이나 화폐의 중립성 등의 개념은 모두 장기적인 흐름에 대한 것입니다.

거시경제학에서 '단기'에는 경기 호황과 침체가 반복되는 경제변동이 발생하는 것이 특징입니다. 바로 다음 5장에서 이러한 경제변동에 대해 자세히 알아보겠습니다.

CHAPTER 5

경제변동

"왜 경제는 호황과 불황을
반복하는 것일까?"

"Life is like the ocean, it goes up and down(인생은 출렁이는 바다와 같아요)."

프랑스 가수이자 배우, 모델인 바네사 파라디의 말입니다. 잔잔한 파도와 거친 파도가 반복되는 바다처럼, 우리 삶에도 좋은 순간과 나쁜 순간이 번갈아 온다는 뜻이죠. 개인적으로도 좋아하는 말입니다. 살다가 힘든 일이 생길 때는 곧 괜찮아질 거라는 희망을 주고, 좋은 일 앞에서는 언제든 상황이 바뀔 수 있으니 경거망동하지 말라는 차분함을 갖게 하거든요.

저는 이 말을 이렇게 바꾸기도 합니다.

"Economy is like the ocean, it goes up and down(경제는 출렁이는 바다와 같아요)."

'경제에도 좋은 일과 나쁜 일이 번갈아 온다'는 이 문장 안에 이번에 다룰 주제인 경제변동의 핵심이 들어 있습니다.

GDP갭 : 호황과 불황을 가르는 잠재GDP와 실제GDP의 간극

...

경제변동을 말하려면 먼저 '잠재GDP(potential GDP)'와 '실제GDP(current GDP)'의 개념부터 알아야 합니다.

잠재GDP는 한 나라가 가진 모든 생산요소(노동, 자본 등)를 사용해 지속적으로 달성할 수 있는 GDP 수준을 의미합니다. 야구의 '타율'에 비유해볼까요. 6년 차 타자인 김안타 선수는 자신이 가진 모든 역량을 쏟아부을 때 평균 0.25의 타율을 기록할 수 있습니다. 즉 우리는 김 선수가 타석에 들어서는 네 번 가운데 적어도 한 번은 안타를 칠 것이라 기대할 수 있습니다. 말하자면 0.25는 김안타 선수의 잠재GDP라 볼 수 있어요.

실제GDP는 말 그대로 실제 생산된 GDP 수치를 의미합니다. 다시 김안타 선수의 예로 돌아갈게요. 김안타 선수의 올해 시즌 출발은 기대에 전혀 미치지 못했습니다. 타석에 들어설 때마다 삼진 아웃을 당하기 일쑤였죠. 그 결과 시즌 개막 첫 주 타율이 0.1로 급락했습니다. 이 타율 0.1을 실제GDP로 볼 수 있습니다.

그런데 마음고생을 한 김안타 선수가 다음 주에는 거짓말처럼 놀라운 기량 변화를 보여줍니다. 팬들의 응원 덕분인지

슬럼프에서 벗어나 이른바 '3할 타자'가 돼 팀의 에이스로 변신하죠. 단기간에 급상승한 0.3이라는 타율 또한 실제GDP라 할 수 있습니다.

타율 0.25였던 김 선수가 슬럼프에 빠져 타율이 0.1로 곤두박질치거나, 팬들의 응원으로 한순간에 0.3으로 치솟은 것처럼, 실제GDP는 다양한 이유로 잠재GDP와는 다른 값을 보입니다. 그 차이를 측정하는 개념이 바로 GDP갭입니다.

GDP갭=실제GDP－잠재GDP

만약 실제GDP가 잠재GDP보다 크면 어떨까요? GDP갭은 0보다 큰 플러스 값으로 경기가 과열된 상태, 즉 호황입니다. 김 선수에 비유하면 단기적으로 3할 타자가 된 경우죠. 반대는 어떨까요? 실제GDP가 잠재GDP보다 작으면 GDP갭은 0보다 작은 마이너스 값이 되겠군요. 김 선수가 일시적인 슬럼프에 빠져 타율이 0.1로 떨어진 경우처럼 경기가 침체된 상태, 즉 불황(recession)입니다.[1]

─────────

1 Jones, Charles I. Op. cit. p.245.

〈도표 5-1〉은 1949년 1분기에서 2021년 3분기까지 미국의 GDP갭을 백분율로 계산한 그래프입니다. GDP갭이 엄청나게 클 때도 있고, 마이너스로 쭉쭉 떨어지는 때도 확인할 수 있죠. 이렇게 경기가 단기적으로 좋았다가 나빠지고, 다시 좋아지기를 반복하는 현상을 '경제변동(economic fluctuations)' 또는 '경기순환(business cycle)'이라 합니다.

불황을 정의하는 방법엔 여러 가지가 있습니다. 앞에서 말한 것처럼 실제GDP가 잠재GDP보다 작아서 GDP갭이 마이너스가 되면 불황이라 정의하기도 하고요. 혹은 미국 전미경제연구소(National Bureau of Economic Research, NBER)의 정의처럼 경기가 꼭대기(peak)부터 점점 떨어져 바닥(trough)을 치는 순간까지를 불황이라 보기도 합니다.[2] 〈도표 5-1〉에서 회색으로 표시된 기간이 전미경제연구소에서 불황이라 선언한 시기들입니다. 회색 기둥에 걸친 그래프 부분을 자세히 보세요. 대체로 GDP갭이 플러스에서 마이너스로 떨어지는 시기에 걸쳐 있죠. 반대로 마이너스에서 플러스로 올라가면 경기가 바

---

2   전미경제연구소에는 불황만 따로 판단하는 경기순환위원회(Business Cycle Dating Committee)가 있어요. 학계에서 매우 유명한 경제학자들이 모여 미국에 불황이 실제로 발생했는지 결정한답니다. 현재 위원회 구성이 궁금하다면 왼쪽 링크로 들어가보세요.

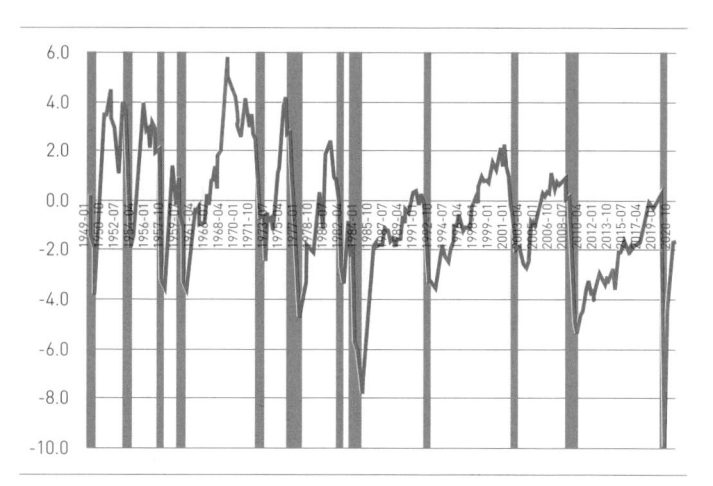

〈도표 5-1〉 미국의 GDP갭 (1949년 1분기~2021년 3분기)　　(단위 : %)

자료 : U.S. Bureau of Economic Analysis, Real Gross Domestic Product [GDPC1], U.S. Congressional Budget Office, Real Potential Gross Domestic Product [GDPPOT]retrieved from FRED, Federal Reserve Bank of St. Louis; https://fred.stlouisfed.org/series/GDPC1, https://fred.stlouisfed.org/series/GDPPOT, November 22, 2021.

주 : 앞에서 GDP갭을 실제GDP와 잠재GDP의 차이로 정의했는데요. 잠재GDP와 실제GDP 간의 퍼센트 변화율(percent change)로도 GDP갭을 계산할 수 있습니다. 여기서는 '{(실제GDP-잠재GDP)/잠재GDP}×100'이라는 퍼센트 변화율 공식을 사용하여 잠재GDP에 비해 실제GDP가 몇 퍼센트 변화했는지를 측정했습니다. 회색 기둥은 전미경제연구소(National Bureau of Economic Research)에서 식별한 미국의 경기불황(recession) 시기를 의미합니다.

닥을 친 뒤 다시 확장(expansion)하는 것으로 이해하면 됩니다.

이쯤에서 실업률에 대해 잠시 복습해보겠습니다. 〈도표 5-2〉는 4장에서 봤던 미국의 실업률 추이입니다. 이 그래프의

〈도표 5-2〉 미국의 실업률과 경기 불황 (1949년 1분기~2021년 3분기)

(단위 : %)

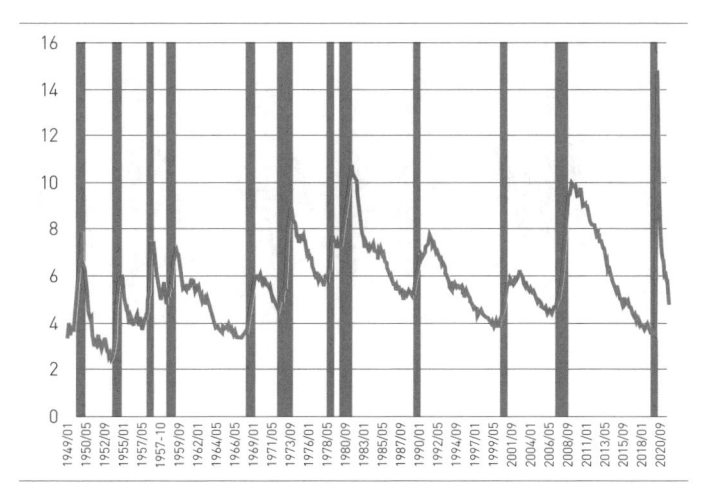

자료 : Federal Reserve Bank of St. Louis, NBER based Recession Indicators for the United States from the Period following the Peak through the Trough [USREC], retrieved from FRED, Federal Reserve Bank of St. Louis; https://fred.stlouisfed.org/series/USREC, October 29, 2021.

주 : 회색 기둥은 전미경제연구소에서 식별한 미국의 경기 침체기(recession)

회색 기둥 역시 전미경제연구소에서 발표한 불황 시기입니다. 회색 기둥에 걸친 그래프를 보세요. 그래프(실업률)가 올라가는 게 보이나요? 불황이 끝나고 경기가 확장되는 시기에는 실업률이 감소하는 것도 확인할 수 있습니다. 이처럼 경제변동은 실업률의 등락과 직접 연결된다는 특징이 있어요.

경제변동의 개념을 이해했다면 다시 처음의 질문으로 돌아가 보죠. 경제는 왜 이렇게 단기적으로 호황과 불황을 반복할까요? 저는 강의 때 이 질문을 던지고는 학생들에게 잠시 생각할 시간을 줍니다. 여러분도 잠깐 시간을 내서 왜 그런지 한번 생각해보세요.

경제가 단기적으로 호황과 불황을 반복하는 이유는 바로 '외부적 충격(external shock)' 때문입니다. 좀 더 정확히 말하면 '수요충격(demand shock)'과 '공급충격(supply shock)'이라는 두 가지 외부적 충격에 의해 경제가 단기적으로 변동하는 것입니다.

수요충격 : 수요 부문에 갑작스러운 변화가 오는 경우

...

먼저 수요충격에 대해 알아볼게요. 거시경제학에서는 '국민소득항등식(national income identity)'을 통해 재화와 서비스에 대한 수요를 표현한답니다. 만약 제가 지금 강의 중이었다면,

국민소득항등식 옆에 별표를 10개 정도 그렸을 것입니다. 그만큼 앞으로 두고두고 써먹을 수 있는 유용한 공식이니 꼭 기억해두세요.

> **GDP=소비+투자+정부지출+순수출**

이 식에서는 GDP(한 국가 영토 내에서 생산된 재화와 서비스의 합)가 소비, 투자, 정부지출, 순수출[3]로 배분돼 사용된다고 가정합니다. 이들 요소, 즉 항등식 오른쪽을 수요 부문이라고 생각하면 됩니다.

수요충격이란 수요 부문의 구성요소인 소비, 투자, 정부지출, 순수출에 발생하는 갑작스러운 변화를 의미합니다. 이제부터 뉴스에서 갑작스런 소비의 변화, 투자의 변화, 정부지출의 변화, 수출의 변화 등이 언급되면 바로 '수요충격이 생겼구나!'라고 생각하면 됩니다.

예를 하나 들어볼게요. 2020년 초 코로나19 팬데믹 때 사

---

3 순수출(net export)은 수출(export)에서 수입(import)을 뺀 값입니다.

회적 거리두기로 사람들이 외출을 자제하고, 회사 업무와 학교 수업이 온라인으로 전환되었잖아요. 사람들이 집 밖으로 나오지 않으니 여행, 공연, 숙박, 교통 등과 같은 소비가 급감했죠. 이처럼 수요 부문의 구성요소가 이전에 비해 갑자기 '감소'하면 이를 '부정적 수요충격(negative demand shock)'이라 합니다. 이 외에도 투자가 감소하거나, 정부지출이 감소하거나, 순수출이 감소하는 것 모두 부정적 수요충격에 해당합니다.

부정적인 게 있으면 긍정적인 것도 있겠죠? 만약 기업들이 블록체인, 인공지능, 빅데이터, 로봇, 가상현실 등 이른바 4차 산업혁명과 관련해 갑자기 투자를 늘린다고 해보죠. 수요 부문의 구성요소 중 하나인 투자가 증가했죠? '긍정적 수요충격(positive demand shock)'의 예입니다.

즉 소비, 투자, 정부지출, 순수출 가운데 하나가 갑자기 증가하면 긍정적 수요충격입니다. 반대로 소비, 투자, 정부지출, 순수출 가운데 하나가 갑자기 감소하면 부정적 수요충격입니다.

그러면 긍정적 수요충격과 부정적 수요충격은 경제에 어떤 영향을 미칠까요?

긍정적 수요충격은 재화와 서비스에 대한 수요가 증가하

는 것을 의미합니다. 수요가 증가하면 생산량도 증가하겠죠. 그 결과 단기적으로 실제GDP가 잠재GDP보다 커져서 GDP 갭이 플러스가 됩니다. 기업은 생산량을 늘리기 위해 더 많은 사람들을 고용하게 되므로 실업률은 감소하고요.

이렇게 긍정적 수요충격은 생산량을 증가시키고 실업률을 떨어뜨리지만, 동시에 물가수준을 올립니다. 내가 판매하는 물건을 사려고 사람들이 문 앞에 줄을 길게 선다면 당연히 가격을 올리고 싶겠죠? 노동시장에서도 회사들이 신규 직원을 채용하려 경쟁하기 때문에 임금수준이 올라갑니다.

그런데 어떤 개별 물건의 가격이 오르면 사고자 하는 사람은 줄어들기 마련이죠. 마찬가지로 물가가 오르면 시장의 수요는 점점 감소합니다. 그 결과 재고가 점차 쌓일 것이고 생산량은 감소하게 됩니다. 이 과정을 거쳐 실제GDP는 원래의 잠재GDP 수준으로 돌아옵니다.

수요충격과 생산량, 실업률, 물가수준의 관계를 정리하면 〈도표 5-3〉과 같습니다. 이와 같이 외부 충격으로 발생한 호황이나 불황은 물가의 변화를 통해 다시 원점으로 회귀해 올라갔던 경기는 다시 내려오고, 내려갔던 경기는 올라오는 것입니다.

〈도표 5-3〉 **수요충격의 효과**

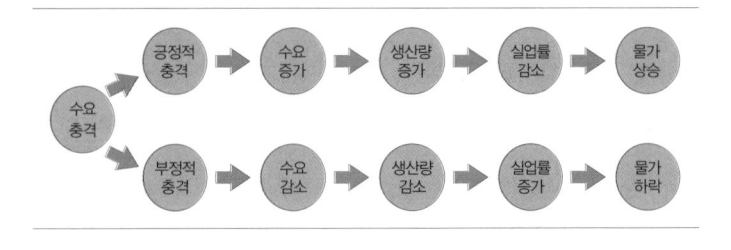

　다만 물가 변화를 통해 경제가 외부 충격이 오기 전 상태로 저절로 돌아가는 데는 생각보다 많은 시간이 걸린다는 것에 주의할 필요가 있습니다. 이게 왜 중요한지는 부정적 수요충격으로 갑자기 불황이 온 상황을 떠올려보면 이해가 쉽습니다. 불황이 오면 생산량이 줄어 실업률이 올라가고, 실업률이 증가함에 따라 시장 수요는 더욱 줄어들 것이고, 그 결과 물가는 점점 하락할 것입니다. 도표에 있는 대로입니다.

　이론적으로 보면, 물가 하락을 통해 경제는 다시 원점으로 돌아옵니다. 하지만 불황에 따른 실업으로 많은 사람들이 고통받고 있는데, 상황이 저절로 나아질 때까지 마냥 기다릴 수는 없죠. 잘못하다가는 상황이 더 나빠져서 불황이 공황(depression)이 될 수도 있으니까요.

이런 상황에 구원투수로 등장하는 것이 바로 중앙은행과 정부입니다. 외부 충격으로부터 경제를 보호하기 위해 중앙은행은 통화정책을, 정부는 재정정책을 씁니다. 단기적 경제 변동에 따른 충격을 최소화하기 위한 통화정책과 재정정책을 '안정화 정책(stabilization policy)'이라 부릅니다.

공급충격 : 공급 부문에 갑작스러운 변화가 오는 경우

...

수요충격이 있듯이 공급충격도 존재합니다. 공급충격이란 재화와 서비스를 제공하는 생산자에게 오는 충격을 의미해요. 공급충격 또한 부정적, 긍정적 충격으로 나뉩니다.

부정적 공급충격의 예를 들어볼게요. 갑작스런 중동의 정세 변화로 공장을 가동하는 데 필수인 석유 가격이 급등한 경우, 또는 빵집에 꼭 필요한 밀가루나 설탕 가격이 오르는 경우입니다. 단골 식당에서 갑자기 메뉴 가격을 올린다는 안내문을 본 적이 있을 겁니다. 안내문에는 으레 '원재료 가격 상승'이라는 이유가 적혀 있죠. 이처럼 부정적 공급충격은 물가 상승과 직접적으로 연결되는 것이 특징입니다.

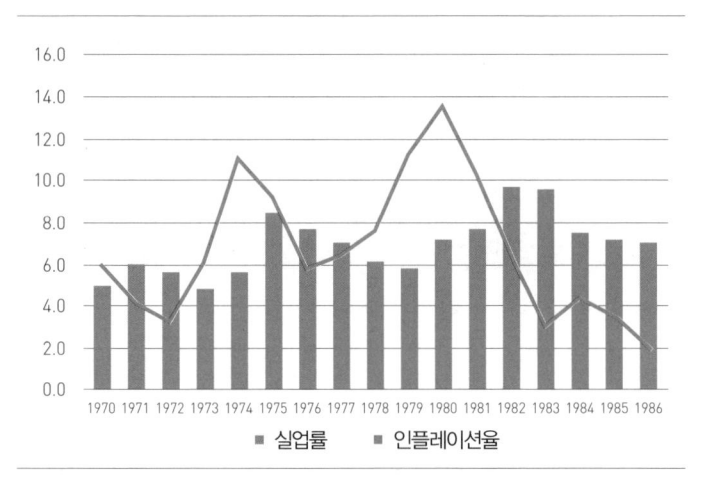

〈도표 5-4〉 **미국의 인플레이션율과 실업률 (1970~1986년)**　　(단위 : %)

■ 실업률　■ 인플레이션율

자료 : U.S. Bureau of Labor Statistics, Consumer Price Index for All Urban Consumers: All Items in U.S. City Average [CPIAUCSL], Unemployment Rate [UNRATE], retrieved from FRED, Federal Reserve Bank of St. Louis; https://fred.stlouisfed.org/series/CPIAUCSL, October 29, 2021.

　긍정적 공급충격은 어떨까요? 이론적으로 이 경우 물가가 하락할 수 있습니다. 미국의 셰일가스 추출이 본격화되면서 기존 산유국이 생산하는 석유 가격이 떨어진 것이 단적인 예입니다.

　그런데 공급충격은 단순히 물가에 영향을 미치는 것으로 끝나지 않고, 경제 전반의 생산량과 실업률에도 영향을 미칩니다.

〈도표 5-4〉는 1970~86년에 걸친 미국의 인플레이션과 실업률 추이를 보여줍니다. 1970년대에는 중동의 갑작스러운 정세 변화로 전 세계 유가가 급등한 '오일쇼크(Oil Shock)'가 두 차례 발생했는데요. 1차 쇼크가 발생한 1973~74년 무렵과 2차 쇼크가 발생한 1979~82년 무렵을 보세요. 물가가 급격히 상승하죠? 그런데 실업률은 어떤가요?

4장에서 봤던 필립스 곡선에 따르면 물가와 실업률은 반비례 관계입니다. 그런데 오일쇼크가 오자 물가가 오르는데 실업률은 떨어지지 않고 오히려 같이 오릅니다. 필립스 곡선으로는 설명이 안 되는 현상이 발생했네요. 이렇게 물가와 실업률이 동시에 상승하는 것을 '스태그플레이션(stagflation)'이라 합니다. 실업률이 오르고 경기가 침체되는 스태그네이션(stagnation)과 물가가 오르는 인플레이션의 합성어입니다.

같은 물가 상승이라 해도, 긍정적 수요충격에 따른 상승은 실업률이라도 낮추는데, 부정적 공급충격으로 인한 상승은 실업률마저 올려버립니다. 스태그플레이션은 좋지 않은 두 가지가 동시에 몰려오는 최악의 상황이라 하겠습니다.

여러분 생각에 지금 한국 경제는 어떤 상황인 것 같나요?

이 질문에 대한 힌트는 〈도표 5-3〉에 있습니다. 실업률이 올라가는지 혹은 떨어지는지, 물가수준이 상승하는지 하락하는지를 보면 현재 경기 국면이 상승인지 하강인지 판단할 수 있습니다. 만약 물가와 실업률이 같이 오르고 있다면 스태그플레이션을 의심할 수도 있겠고요.

책 뒤 부록에 실제 한국의 실업률과 물가 상승률 수치를 확인하는 방법을 소개했습니다. 가급적 시간을 내서 실제 데이터를 찾아보고 그래프를 그려보세요. 처음에는 어려울 수 있지만, 한번 해보면 그다음부터는 쉽게 하실 수 있을 겁니다. 스스로 데이터를 찾고 해석하면서 경제를 보는 안목도 한층 높아질 테고요.

CHAPTER 6

통화정책

"한국은행은 왜 기준금리를
올리거나 내리는 걸까?"

파티가 한창입니다. 신나는 음악이 귓전을 때리고, 마실 것을 손에 든 사람들이 몸을 흔듭니다.

"소리 질러!"

DJ의 외침에 분위기는 절정으로 치닫습니다.

영원히 이 밤이 끝나지 않을 듯한 그 순간, 갑자기 음악이 뚝 끊깁니다. 영문을 모르는 사람들은 어리둥절합니다. 그때 정적을 가르며 말끔히 정장을 차려입은 사람이 무대에 나타납니다.

"지금까지 즐거운 시간 보내셨나요? 이제 파티는 끝났습니다."

파티 절정에 갑자기 찬물을 끼얹은 이 사람은 누굴까요? 바로 이번 장의 주인공인 '중앙은행'입니다. 중앙은행이란 은행들 한가운데 있는 '은행의 은행'이라고 생각하면 됩니다. 한국의 중앙은행은 한국은행입니다. 미국의 중앙은행은 '연방준비제도(Federal Reserve System, 이하 연준)'고요. 뉴스에서 많이 들어보셨을 겁니다.

한 나라의 중앙은행이 어디인지 알고 싶을 때는 그 나라에서 쓰는 화폐를 보면 됩니다. 많은 나라에서 중앙은행이 화폐를 독점적으로 발행하기 때문입니다. 원화 지폐를 보면 앞면에는 한국은행, 뒷면에는 'Bank of Korea'라고 친절히 나온 것처럼 말이죠.

중앙은행이 존재하는 이유는 무엇일까요? 한국은행의 설립 근거인 한국은행법 제1조를 보면 다음과 같습니다.

"이 법은 한국은행을 설립하고 효율적 통화신용정책의 수립과 집행을 통해 물가안정을 도모함으로써 국민경제의 건전한 발전에 이바지함을 목적으로 한다."

말이 조금 어렵죠? 그래서 한국은행의 홈페이지에 들어가보니, 설립 목적을 조금 더 이해하기 쉽게 풀어서 설명했더군요.

"한국은행은 물가안정 목표를 정해 국민에게 공표하고 이를 달성하기 위해 최선을 다합니다. (…) 물가안정은 돈의 가치를 지키는 것이며 돈의 가치는 물가수준에 좌우됩니다. 물가가 오르면 같은 금액을 주고 살 수 있는 물건의 양이 줄어듭니다."

이제 좀 쉬워졌군요. 한마디로 한국은행의 설립 목적은 '물가안정'입니다.[1] 물가안정과 돈의 가치는 동전의 양면과 같습니다. 일상생활에서 쓰는 1만 원권 지폐를 예로 들어볼게요. 이 지폐를 물리적 관점에서 보면 가로 14.8cm, 세로 6.8cm 크기의 섬유 쪼가리에 불과합니다. 극단적인 예지만, 면 조각을 똑같은 크기로 자른 것과 차이가 없어요.

그래도 우리는 일상에서 '1만 원'이라고 적힌 이 지폐가 실제 1만 원의 가치가 있다고 여깁니다. 왜냐하면 이 지폐를 들고 마트에 가면, 1만 원의 가치가 있는 물건으로 교환할 수 있기 때문이죠. 그리고 이것이 가능한 건, 이 지폐가 실제로 1만 원만큼의 가치가 있다고 한국은행이 보증하기 때문입니다.

단, 이 부분에서 오해하시면 안 됩니다. 중앙은행이 돈의 가치를 보증한다는 것이 돈의 가치가 불변이라는 뜻은 아니에요. 돈의 실질적 가치는 항상 변화합니다. 예를 들어 햄버거 한 개의 가격이 5,000원이라면 1만 원짜리 지폐로 햄버거 2개를 살 수 있습니다. 그런데 햄버거 가격이 갑자기 20% 올라

---

1 반면 미국의 중앙은행인 연방준비제도와 관련된 법률인 Federal Reserve Act의 Section 2A를 보면, 물가안정(stable prices)뿐 아니라 최대의 고용(maximum employment), 그리고 적절한 수준의 장기 이자율(moderate long-term interest rates)까지 통화정책의 목표(Monetary policy objectives)로 명시했습니다.

서 6,000원이 되었다고 가정해보죠. 햄버거의 가격이 오른 까닭에 이제 1만 원짜리 지폐로 햄버거 2개를 구입할 수 없습니다. 바꿔 말하면 1만 원짜리 지폐의 가치가 그만큼 떨어졌다는 뜻입니다.

이처럼 물가가 오르면 화폐의 가치는 떨어집니다. 결국 한국은행의 목표가 '물가안정'이라는 말은, 한국은행이 발행하는 화폐의 가치를 안정적으로 유지하겠다는 말과 다르지 않습니다.

불황에는 금리 인하, 호황에는 금리 인상

...

'통화정책(monetary policy)'이란 중앙은행이 물가안정을 위해 만드는 일련의 정책을 말합니다. 통화정책에는 다양한 방법이 있는데, 그중에서도 가장 널리 알려진 것이 '기준금리 조정'입니다.

여기서 말하는 기준금리는 시장에 존재하는 다양한 이자율의 '기준'이 되는 이자율을 의미합니다. 일반적으로 중앙은행의 기준금리가 오르면 시장의 이자율도 따라서 오르고, 반대로 기준금리가 떨어지면 시장 이자율도 떨어지는 경향을 보입니다.[2] 참고로 한국은행은 기준금리의 목표치를 2.5%처럼 하나의 숫자로 콕 집어서 발표합니다. 반면 미국의 연준은 기준금리인 연방기금금리(Federal Funds Rate)의 목표치를 2.25~2.5%처럼 범위로 발표한답니다. 그 결과 시장에서 거래되는 연방기금의 실제 금리인 연방기금실효금리(Federal Funds Effective Rate)는 목표치의 상한과 하한 사이에서 움직이게 됩니다.

그렇다면 중앙은행은 언제 기준금리를 올리거나 내릴까요?

먼저 기준금리를 내리는 경우부터 살펴보겠습니다. 〈도표 6-1〉은 2007~17년 기간 동안 미국 연방기금실효금리의 추이를 보여줍니다. 어떤가요? 2007년 8월에 약 5%였던 연방기금실효금리가 몇 개월 뒤 0% 수준으로 떨어져 버렸는데요. 바로 글로벌 금융위기가 발생한 시점입니다.

연준이 왜 갑자기 기준금리를 5% 수준에서 0%에 가깝게

---

2 기준금리를 단순히 선언한다고 해서 자동으로 금리가 움직이는 것은 아니고요. 기준금리와 시장금리가 원하는 방향으로 움직이게 하도록 중앙은행은 시장에서 채권을 사고파는데, 이것을 '공개시장운영(open market operation)'이라 합니다.

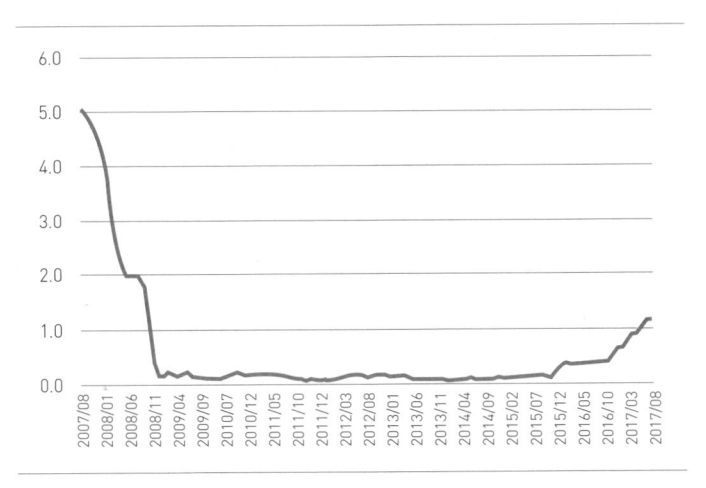

자료 : Board of Governors of the Federal Reserve System (US), Federal Funds Effective Rate [FEDFUNDS], retrieved from FRED, Federal Reserve Bank of St. Louis; https://fred. stlouisfed.org/series/FEDFUNDS, December 16, 2021.

내렸는지 이해하기 위해서는 2000년대 초반으로 거슬러 올라가 봐야 합니다. 당시 미국은 부동산 열풍이 대단했습니다. 주택 가격이 점점 오르자 미국 사람들은 너도나도 집을 사기 시작합니다. 다들 잘 아시는 것처럼 부동산은 우리가 구입하는 모든 것 중에서도 가장 비싼 상품이라서, 부동산담보대출을 통해 구입 자금을 조달하는 것이 일반적입니다. 당시 미국에서도 많은 이들이 담보대출을 끼고 주택 구입 행렬에 동참했습니다.

3장에서 살펴본 것처럼, 사람들은 부동산에 대한 투자 결정을 내릴 때 기대수익률과 이자율을 비교합니다. 당시 미국 부동산 가격은 계속 올랐기 때문에 부동산 투자를 통해 기대하는 수익률이 대출 이자율보다 높았습니다. 앞으로도 부동산은 계속 오를 것이라는 기대 속에 너도나도 대출을 받아 주택을 구입하기 시작합니다.

문제는 그런 사람들 중에는 대출을 감당할 능력이 없는 이들도 상당했다는 사실입니다.

일반적으로 대출받은 사람이 돈을 갚지 못하게 되면, 은행은 담보로 잡은 부동산을 팔아서 빌려준 돈을 되찾습니다. 주택 가격이 계속 오른다면 담보로 잡은 주택의 가치도 오를 테니 큰 문제가 없습니다. 대출해준 금액보다 담보 주택의 가격이 더 높아져서 빌려준 돈을 떼일 염려가 없기 때문이죠. 그러나 반대 상황은 문제가 됩니다. 만약 주택 가격이 떨어져 담보로 잡은 주택의 가치가 빌려준 대출금보다 낮아지면, 담보를 경매에 넘겨 매각하더라도 은행은 빌려준 대출금을 전액 상환받을 수 없게 됩니다.

그런데 이 일이 미국에서 실제로 일어납니다. 영원히 오를 것처럼 보이던 미국의 주택 가격이 2007년에 갑자기 꺾이기 시작한 것입니다. 주택 가격이 떨어지자 주택담보대출을 갚지 못하는 사람들이 나타납니다. 특히 '서브프라임(SubPrime)'이라 불리는 저신용자에게서 문제가 발생했습니다. 이들은 신용등급이 낮아 애초에 대출을 상환할 능력이 없었는데도 은행들은 마구잡이로 돈을 빌려주었고, 심지어 이들의 대출을 기반으로 금융시장에서 수익을 얻을 수 있는 파생상품까지 만들었습니다.

주택 가격이 떨어지자 서브프라임 등급의 사람들은 빚을 갚을 수 없게 됐고, 그들이 대출을 받아 구입한 주택들은 경매로 넘어갑니다. 불과 얼마 전까지 주택 가격이 계속 오를 거라 믿어 의심치 않았던 사람들은 이제 주택을 처분하기 바빴고, 주택 시장에 매물이 넘쳐나면서 주택 가격은 점점 더 떨어집니다.

이 과정에서 서브프라임 등급의 주택담보대출로 만든 파생상품에 투자한 금융회사들도 타격을 피할 수 없었습니다. 당시 미국의 4대 투자은행 가운데 하나였던 리먼브라더스(Lehman Brothers)를 파산시킬 정도로 이 충격은 엄청났습니다.[3] 당연히 경제는 급속도로 얼어붙고, 소비와 투자도 줄어들었습니다.

이쯤에서 5장에서 소개했던 국민소득항등식을 다시 보겠습니다.

> ## GDP=소비+투자+정부지출+순수출

우측에 있는 소비와 투자가 갑자기 줄어들면, 좌측의 GDP가 줄어들겠죠. 이걸 뭐라고 했죠? 네, 바로 부정적 수요충격입니다. 부정적 수요충격이 오면 GDP가 감소하고, 실업률이 올라가는 경기 침체가 발생합니다. 그런데 2008년 미국의 부동산 시장으로부터 시작된 부정적 수요충격은 단순한 경기 침체를 뛰어넘는 대침체(Great Recession)를 불러왔습니다.

그러자 연준이 급히 등판했습니다. 연준이 당시 전격 시행했던 통화정책이 바로 기준금리를 0% 수준으로 떨어뜨리는 것

---

3 투자은행(investment bank)은 기업의 인수합병(M&A, merger and acquisition)을 비롯해 기업을 주식시장에 상장하기 위한 기업공개(IPO, initial public offering)에 관여하기도 하고, 기관투자자들에게 다양한 금융상품 거래를 중개하는 서비스를 제공하는 은행입니다. 우리가 일반적으로 예금을 하거나 대출받기 위해 이용하는 상업은행(commercial bank)과는 구분되는 개념입니다.

이었습니다.

기준금리가 떨어진다는 것은 어떤 의미일까요?

기준금리를 내리면 시장 금리도 내려갑니다. 이자율이 떨어지면 더 싸게 돈을 빌릴 수 있고, 기대수익률을 이자율보다 높이는 효과가 있으므로 결과적으로 투자 증가로 이어질 수 있습니다.

즉 단기적으로 국민소득항등식의 우측에 있는 투자가 다시 증가해 좌측의 GDP를 상승시키고, 그 결과 사람들의 소득이 늘어나 소비도 다시 증가할 수 있습니다. 이와 같이 중앙은행은 경기가 침체 국면에 들어서면, 기준금리를 떨어뜨림으로써 꺼져가는 경기의 작은 불씨를 되살리려 노력합니다.

기준금리를 올리는 상황은 이와 반대겠죠. 예를 들어 긍정적 수요충격이 발생하면 경제 전반의 생산량이 늘고, 실업률은 떨어집니다. 그러나 그 과정에서 물가가 오르죠. 앞서 말한 것처럼 '물가 상승'은 '통화가치의 하락'을 의미합니다. 따라서 중앙은행은 물가를 안정시키기 위해 기준금리를 올립니다. 기준금리가 오르면 시장 이자율도 따라서 오릅니다. 이자율이 오를수록 돈을 빌리는 비용이 상승하기 때문에 투자는 줄어듭니다. 그러면 후끈 달아올랐던 경기가 조금씩 식겠죠.

다만 통화정책이 실물 경제에 효과를 내기까지는 이른바 '시차'가 발생합니다. 예를 들어 오늘 중앙은행이 이자율을 올리겠다고 발표한다 해서 곧바로 투자가 감소하지는 않습니다. 금리 인상 효과가 실제로 나타나기까지 짧게는 수개월에서 길게는 1년 이상 걸리기도 해요. 중앙은행은 이러한 불확실성까지 고려해 선제적으로 통화정책을 수립해야 합니다. 이 때문에 중앙은행은 종종 경기가 좋은데 성급하게 기준금리를 올려서 찬물을 끼얹는다는 불평을 듣기도 합니다. 마치 파티가 절정을 향해 가는 시점에 음악을 꺼버리는 사람처럼요.

기본적으로 정치인들은 유권자들의 표를 의식해 호황이 이어지기를 바랍니다. 최소한 자신의 임기 동안에는 즐거운 파티가 계속되기를 바라죠. 하지만 파티가 길어질수록 파티에 들어가는 비용도 증가합니다. 그래서 누군가는 적당한 시점에 파티를 마무리 지어야 하는데, 중앙은행이 그 역할을 맡습니다. 호황은 인플레이션이라는 비용을 청구하는데, 인플레이션에 따른 통화가치의 하락을 막기 위해 중앙은행이 선제적으로 기준금리를 올리는 것이죠. 파티를 이어가려고 하는 정치인들 앞에서도 중앙은행은 소신대로 파티를 끝내야 합니다. 중앙은행이 독립성을 갖추어야 하는 이유가 여기에 있습니다.

정리해보면, 단기적인 경제변동으로 경기 침체가 찾아오면 중앙은행은 기준금리를 내려 경제에 다시 온기가 돌 수 있게 하고, 반대로 경기 호황이 찾아와 물가 상승 압박이 강해지면 중앙은행은 기준금리를 올리게 됩니다.

중앙은행이 가진 비장의 무기 : 양적완화

...

그러나 기준금리 조정이 만병통치약은 아닙니다. 〈도표 6-1〉에서 확인한 바와 같이, 글로벌 금융위기가 발생한 2008년 말에 연준은 기준금리를 최저치인 0~0.25% 수준까지 내리는 결정을 합니다. 그 후로도 기준금리가 꽤 오랫동안 0% 부근에서 유지되었죠? 이것은 연준이 2008년 말에 기준금리를 하한선까지 급하게 내려버림으로써 '기준금리 조정'이라는 카드를 이미 다 써버렸다는 것을 의미합니다. 금리를 더 내리고 싶어도 내릴 수 없었던 거죠.

그러자 연준은 기준금리 대신 '양적완화(quantitative easing)'라는 또 다른 카드를 들고 나옵니다.

양적완화는 연준이 채권시장에서 장기 채권이나 '모기지 채권(mortgage-backed security)'[4] 등 다양한 종류의 채권을 대량으로 사들이는 것을 말하는데요. 기준금리를 더 이상 내릴 수 없는 상황에서 연준이 시장에 존재하는 채권들을 대량 매입함으로써 시장 이자율을 떨어뜨리는 것입니다. 이를 통해 마치 기준금리를 내릴 때처럼 민간의 투자가 다시 살아나기를 기대하는 것이죠. (중앙은행이 채권을 대량으로 매입하면 왜 시장 이자율이 떨어지는지는 10장에서 자세히 설명하겠습니다.)

양적완화는 통화량과도 관련이 있습니다. 채권을 사려면 뭐가 필요할까요? 네, 돈이 필요합니다. 돈은 누가 발행하죠? 네, 중앙은행이 발행합니다. 중앙은행은 금고에 쌓아둔 돈을 풀어 채권을 구입합니다. 그러면 중앙은행 금고에는 돈 대신 채권이 쌓이고, 금고에 있던 돈은 시중에 풀립니다. 즉 양적완화는 시장 이자율을 낮추는 동시에 시중에 유통되는 돈, 다른 말로 하면 유동성(liquidity)을 증가시키는 효과를 일으킵니다.

---

4 MBS라고도 불리는 모기지 채권은 은행이 고객에게 빌려준 장기 주택담보대출을 다량으로 모아서 발행한 채권을 말합니다. 주택담보대출을 받은 사람들로부터 매달 이자를 받을 수 있는 것이 이 채권의 특징 중 하나입니다.

이렇게 시장 이자율이 내려가고 돈이 많이 풀리면 사람들은 투자를 늘릴 테고, 꺾였던 경기도 살아날 것입니다. 그런데 그 과정에서 물가도 슬금슬금 오를 준비를 하겠군요. (물가가 오르는 것과 돈의 가치가 떨어지는 것은 서로 동전의 양면이라고 말씀드렸죠?) 그에 따라 중앙은행은 경기가 회복되는 속도에 맞춰 채권 매입을 줄여갑니다. 이것을 가리켜 '테이퍼링(tapering)'이라 합니다.

양적완화를 통해 경기가 어느 정도 회복되었다고 판단한 연준은 2013년 6월에 테이퍼링을 언급하며, 2014년 중반 무렵에는 채권의 추가 매입을 완전히 중단할 것이라는 계획을 밝혔습니다. 그 후에도 연준은 기회 있을 때마다 "좀 있으면 금리 올릴 거야. 그러니 조금씩 대비해"라는 시그널을 던지며 시장이 금리 인상에 대비할 시간을 주었습니다. 그리고 마침내 2015년 12월에 기준금리를 올립니다. 2006년 이후 거의 10년 만에 금리를 올린 것입니다.

그런데 다들 잘 아시는 것처럼 2019년에 갑작스럽게 코로나19 팬데믹이 발생했죠.

〈도표 6-2〉는 2017년 8월부터 2021년 10월까지 연방기금 실효금리의 추이를 보여줍니다. 슬금슬금 오르던 금리가 중

〈도표 6-2〉 **미국의 연방기금실효금리 (2017년 8월~2021년 10월)** (단위 : %)

자료 : Board of Governors of the Federal Reserve System (US), Federal Funds Effective Rate [FEDFUNDS], retrieved from FRED, Federal Reserve Bank of St. Louis; https://fred. stlouisfed.org/series/FEDFUNDS, December 16, 2021.

간에 갑자기 뚝 떨어지는 게 보이죠? 이때가 2020년 3월인데 요. 코로나19 팬데믹에 대응하기 위해 연준은 이번에도 글로 벌 금융위기 때처럼 기준금리를 최저 수준인 0~0.25%로 내 립니다. 그리고 여기에 더해 양적완화 정책도 다시 씁니다. 10 여 년 전 글로벌 금융위기 때와 유사한 상황이 다시 벌어진 것 입니다.

연준은 이런 결정을 1년에 8회 열리는 'FOMC(Federal Open Market Committee)'라는 위원회를 통해 내리는데요.[5] 아마 뉴스에서 FOMC에 대해 한 번쯤은 들어보셨을 것 같습니다. 여기서 연준이 금리를 얼마나 올리느냐, 낮추느냐에 따라 세계 금융시장이 요동칩니다. 전 세계 언론이 이 회의를 주목하는 이유입니다.

양적긴축 : 양적완화의 반대 개념

...

2022년 3월, 연준은 기준금리를 0.25%포인트 올림으로써 코로나19 이후 지속됐던 제로 금리에서 벗어났습니다. 이후 2022년 5월에 0.5%포인트, 6월에 0.75%포인트, 그리고 7월에 다시 0.75%포인트나 기준금리를 올립니다. 연준이 물가 상승(또는 화폐가치 하락) 압력을 얼마나 심각한 사안으로 바라보는지 엿볼 수 있는 대목입니다.

연준의 기준금리 인상은 전반적인 시장금리 인상으로 이

---

5 한국은행도 1년에 8회 열리는 금융통화위원회를 통해 통화정책에 대한 결정을 내립니다.

어질 겁니다. 이렇게 이자율이 오르면 투자를 통해 기대할 수 있는 수익률이 이자율보다 낮아지는 경우가 발생합니다. 그러면 사람들은 위험이 따르는 투자보다 높은 이자를 주는 안전한 은행 예금에 돈을 맡기는 걸 선호하게 됩니다. 그 결과 투자는 감소하고, 경제는 조금씩 위축됩니다. 대신 연준이 바라는 대로 물가 상승 압력은 줄어들 것입니다.

금리 인상이 본격화하면서 양적완화의 반대 개념인 '양적긴축(quantitative tightening)'도 주목받습니다. 양적긴축은 연준이 매입한 자산 규모를 줄이는 것입니다. 그렇다고 가진 채권을 시장에 내다 파는 건 아니고요, 만기가 된 채권에 재투자하지 않는 방법으로 자산 규모를 줄여나갑니다. 물이 가득 찬 욕조에서 물을 조금씩 빠지게 하려고 배수구를 살짝 여는 것처럼 말이죠.

양적긴축은 경기 과열과 물가 인상을 막기 위한 선제조치 중 하나입니다. 영국 시사주간지 〈이코노미스트〉에 따르면 양적긴축으로 앞으로 3년간 연준의 자산을 약 3조 달러(약 3,661조 원) 줄이면 기준금리를 0.25~1.25%포인트 올린 것과 비슷한 효과가 있다고 합니다.[6]

이번 장에서는 통화정책에 대해 살펴보았는데요. 다음 장에서는 단기적 경제변동에 대응하는 안정화 정책의 또 다른 축인 재정정책을 소개하겠습니다.

---

6 "The Federal Reserve prepares for quantitative tightening," *The Economist*, April 9, 2022.

퍼센트포인트와 베이시스포인트

앞에서 "2022년 3월, 연준은 기준금리를 0.25%포인트 올림으로써 코로나19 이후 지속된 제로 금리에서 벗어났습니다"라는 내용이 나왔는데요. 혹시 여기에 나오는 '0.25%포인트'가 어떤 의미인지 모르고 계셨다면, 이번 기회에 확실히 알아둘 필요가 있습니다.

먼저 퍼센트(%)는 아시는 대로 백분율을 나타냅니다. 다음의 식과 같이 퍼센트는 전체 수량 대비 어떤 수량의 비율에 100을 곱해서 구하는데요. 이를 통해 전체 수량을 100으로 잡았을 때 우리가 본 수량이 얼마만큼의 비율을 차지하는지 알 수 있습니다.

$$퍼센트(\%)= \frac{해당\ 수량}{전체\ 수량} \times 100$$

반면 퍼센트포인트(%포인트)는 앞의 방식으로 계산한 퍼센트 간의 '차이'를 비교하는 개념입니다. 예를 들어 이자율은 다음의 식과 같이 퍼센트로 표현할 수 있는데요.

$$이자율(\%)= \frac{이자}{원금} \times 100$$

만약 지난달의 이자율이 4%였는데 이번 달의 이자율은 6%가 되었다면, 두 이자율 간의 차이를 퍼센트포인트를 이용해 '2%포인트 증가' 또는 '2%p 증가'했다고 표현합니다.

한편 금융시장에서는 퍼센트포인트 대신 '베이시스포인트 (basis point, bp)'라는 용어도 자주 사용합니다. 1베이시스포인트 는 0.01%포인트를 의미합니다. 예를 들어 앞에 나온 "2022년 5월에 0.5%포인트, 6월에 0.75%포인트 그리고 7월에 다시

0.75%포인트나 기준금리를 올립니다" 부분에서 0.5%포인트를 '50bp', 0.75%포인트를 '75bp'라고도 표현하죠. 간단한 개념이지만 실제 사용할 때는 자칫 실수하기 쉬우니 잘 기억하세요.

CHAPTER 7

재정정책

"정부가 직접 돈을 쓰는 것과
사람들의 세금을
깎아주는 것의 차이는
무엇일까?"

큰 숫자로 한번 시작해보겠습니다.

607,700,000,000,000원

0이 너무 많아서 숫자 세기도 쉽지 않죠? 607조 7,000억 원인데요. 이 금액이 무엇을 의미하는지 혹시 아시겠어요?

바로 2022년 대한민국 정부의 총지출 규모입니다.

600조 원은 특별한 생을 살지 않는 한 우리가 마주칠 일이 없는 액수라서 어느 정도 규모인지 감이 오지 않을 텐데요. 이럴 때는 다른 숫자와 상대적인 크기를 비교해보는 게 도움이 됩니다. 우리나라의 명목GDP가 대략 2,000조 원이라 가정해보면, 정부가 한 해 동안 지출하는 금액의 총합은 GDP의 약 3분의 1이 됩니다. 그리고 우리나라 주식시장에서 가장 큰 비중을 차지하는 삼성전자의 시가총액인 526조 원[1]과 비교하면, 정부 총지출이 삼성전자 시가총액보다 약 14% 정도 큰 것을 확인할 수 있습니다. (여담이지만, 대한민국의 GDP와 정부지출 총액 그리고 삼성전자 시가총액 정도는 머릿속에 기억해두시면 좋습니다. 나중에 다른 큰 액수를 마주하게 되면 상대적인 크기를 가늠하는 기준점으로 무척 유용합니다.)

607조 원이라는 정부 총지출 규모에 대해 어떤 분은 크다고, 또 어떤 분들은 작다고 느끼실 것 같네요. 마찬가지로 이번 주제인 재정정책(fiscal policy)에 대해서도 서로 다른 생각들이 양립하고 있답니다. 그래서 재정정책을 이야기할 때는 저도 늘 조심스러운데요. 정치적인 이슈는 최대한 배제하고, 거시경제 관점에서 여러분이 알아두면 좋을 것들 위주로 말씀드리도록 하겠습니다.

먼저 재정정책이 뭔지부터 알아볼까요.

재정(public finance)은 정부의 수입과 지출에 관련된 활동이라 정의할 수 있습니다. 정부는 국민에게 부과한 조세(국세 및

---

1 2022년 1월 7일 종가 기준으로 보통주와 우선주를 합산한 값입니다.

지방세)나 국채 발행 등을 통해 확보한 재원으로 보건, 복지, 고용, 교육, 국방, 행정, 공공안전 등에 지출하게 됩니다.[2] 이때 세금을 얼마나 걷을지, 그 세금으로 어느 분야에 얼마만큼 지출할지, 만약 세금으로 거둬들인 돈보다 더 많이 써야 할 때는 어떻게 차액을 충당할지 등에 대해 정부가 만드는 정책을 재정정책이라고 생각하시면 됩니다.

정부지출 증가를 통한 경기부양

...

이 가운데 먼저 정부의 지출에 대해 살펴보겠습니다.

제가 5장에서 별표를 10개쯤 그리고 싶다고 말씀드렸던 국민소득항등식, 기억하고 계시죠?

$$GDP=소비+투자+정부지출+순수출$$

국민소득항등식은 경제의 총수요를 구성하는 요소를 단순

---

2 국회예산정책처, 《2022 대한민국 재정》, (서울:국회예산정책처, 2022).

화해서 보여주고 있는데요. 이 항목에 당당히 자리해 있는 것만 봐도 '정부지출'이 소비 및 투자와 더불어 수요 측면의 중요한 구성요소임을 알 수 있습니다.

예를 들어볼게요. 코로나19 팬데믹 당시 소비와 투자가 꽁꽁 얼어붙었죠. 이처럼 단기적으로 소비와 투자가 감소하면 경제에는 부정적 수요충격이 발생합니다. 부정적 수요충격은 경제에 어떤 영향을 미친다고 했죠? 네, 생산이 감소하고 실업률이 증가하는 불황이 올 수 있습니다.

불황에 따른 피해를 최소화하기 위해서는 안정화 정책을 써야 합니다. 이를테면 중앙은행의 통화정책과 정부의 재정정책 같은 것들을 통해서 말이죠.

실제로 코로나19로 부정적 수요충격이 발생했을 때, 우리나라를 비롯한 세계 각국은 적극적인 안정화 정책을 펼쳤습니다. 중앙은행은 기준금리를 신속하게 인하하는 통화정책으로 대응했고, 정부는 지출을 대폭 늘리는 확장적(expansive) 재정정책을 시행했죠.

정부가 확장적 재정정책으로 정부지출을 늘리면 소비와 투자가 감소해 생기는 부정적 수요충격의 영향을 어느 정도는 상쇄할 수 있습니다. 예를 들어 정부가 새로운 장비를 구입하거나 공공 시설물을 건축하는 등의 활동으로 지출을 늘리면 관련 분야에 고용된 사람들의 소득이 증가할 테고, 이들의 소득 증가가 소비 증가로 이어지는 것입니다.

다만 여기서 주의해야 할 것이 하나 있는데요. 국민소득항등식에 있는 정부지출에는 일반적으로 정부가 재화와 용역을 구입하는 것만 포함됩니다. 예를 들어 정부가 사용할 물품을 구입하거나, 도로 등의 사회기반시설을 짓거나 공무원을 고용하는 것 등이죠.

이와 별개로 국민들에게 무상으로 돈을 지급하는 것은 정부의 '이전지출'이라고 하며, 이는 앞의 항등식에 포함되지 않습니다. 예를 들어 코로나 팬데믹 때 정부가 추가경정예산을 편성해 국민에게 지급한 재난지원금이 그렇죠. 지원금이나 보조금 등의 이전지출도 사람들의 소비를 진작시켜 총수요를 늘리는 효과가 있지만, 이론적으로 국민소득항등식상의 정부지출을 계산할 때는 제외한다는 점을 기억하세요.

참고로, 재정지출의 증가가 GDP를 얼마만큼 증대시키는지 측정하는 개념으로 재정승수(fiscal multiplier)라는 게 있습니다. 예컨대 재정승수가 1.5라면 재정지출을 1조 원 늘렸을 때 GDP가 1조 5,000억 원만큼 늘어난다고 할 수 있습니다. 이론적으로는 같은 재정지출이라도 정부의 소비지출, 투자지출, 이전지출이 GDP에 미치는 효과, 즉 재정승수의 값이 서로 다르다고 알려져 있습니다.

조세 감면을 통한 경기부양

...

앞에서 재정은 정부의 수입 및 지출과 관련돼 있다고 말씀드렸는데요. 그렇다면 부정적인 수요충격으로 경제가 위축된 상황에서 정부가 사용할 수 있는 재정정책에는 방금 소개한 지출을 늘리는 것 외에 다른 방법도 있을 것 같지 않나요? 맞습니다. 정부는 수입과 직접적으로 연결되는 조세를 조정하기도 합니다.

국세청 홈택스 사이트에 들어가서 '신고/납부' 항목을 눌러보면 부가가치세, 법인세, 원천세, 종합소득세, 양도소득세 등 실로 다양한 세금이 있다는 걸 알게 됩니다. 정부는 이러한 세금의 세율을 인상하거나 인하함으로써 개인과 기업의 경제활동에 영향을 미치기도 합니다.

예를 들어볼게요. 여러분이 직장인이라면 매달 받는 급여 명세서에 소득세가 원천적으로 공제된 것을 확인할 수 있습니다. 납세자로서 당연히 내야 하는 돈이긴 한데, 명세서에 찍혀 있는 소득세 금액을 보면 왠지 허탈해지죠.

그런데 정부가 소비 진작을 위해 여러분의 소득세율을 일시적으로 인하했다고 생각해볼까요. 아니면 좀 더 현실적으로 연말정산의 소득공제 항목을 늘리고, 공제율도 대폭 상향했다고 생각하셔도 됩니다. 어느 정책으로든 여러분의 월급 통장에 찍히는 실수령액은 바로 늘어날 것입니다.

어떤가요? 연봉은 그대로이지만 내야 하는 세금이 줄어드니 왠지 돈을 더 번 것처럼 느껴지지 않나요? 그럼 그다음 단계는 뭐다? 네, 그동안 사고 싶었지만 차마 못 사고 장바구니에 담아두었던 상품들의 주문 버튼을 누르러 가시겠죠. 이런 식으로 정부가 소비자들의 조세 부담을 줄여주면 전반적인 소비가 늘어날 것입니다. 마찬가지로 기업 법인세를 인하하면 투자 증가로 이어질 수 있고요.

경기가 위축되었을 때 정부는 이처럼 세율 인하 등의 조치로 조세를 감면함으로써 경기를 부양하는 재정정책을 사용할 수도 있습니다.

지금까지 우리는 두 가지 재정정책을 살펴보았습니다. 정부 지출을 늘리는 것과 세금을 삭감하는 재정정책, 이 중 무엇이 더 나을까요? 이를 둘러싼 논쟁은 언제나 진행 중입니다. 경기부양을 위해서는 정부가 적극적으로 더 많이 지출해야 한다는 입장이 있고, 지출을 늘리기보다는 세금을 깎아주는 것이 경제 활성화에 도움이 될 것이라는 입장도 있습니다.

여러분은 어느 쪽에 더 공감하시나요? 판단에 조금 더 도움을 드리기 위해 지금부터는 각 정책을 반대 관점에서 바라볼 수 있도록 '역효과'에 대해 알아보겠습니다.

정부지출 증가의 역효과 : 구축효과

...

첫 번째는 구축효과(Crowding-out Effect)입니다. 이것은 경기부양 목적으로 늘린 정부지출이 이자율 상승을 불러와 오히려 경제 전반의 투자를 감소시킨다는 논리입니다. 구축효과가 작용하면 정부지출 증가가 애초에 기대한 만큼의 경기부양 효과를 얻지 못할 수도 있습니다.

구축효과의 논리는 대략 이렇습니다. 경기부양을 위해 정부가 지출을 대규모로 늘리려면 당연히 돈이 필요합니다. 그런데 조세를 통해 조달한 재원만으로는 계획한 만큼의 지출을 할 수 없는 상황이네요. 그렇다면 국채를 발행해 돈을 조달해야 합니다. 즉 소득보다 지출이 많아서 돈을 빌려야 하는 거죠.

정부가 재원 조달을 위해 채권을 다량으로 발행하면 이자율이 올라갑니다. 6장에서 다룬 양적완화 기억하시죠? 양적완화를 위해 연준이 채권을 다량으로 매입하면 이자율이 떨어진다고 했는데요. 반대로 정부가 다량의 채권을 발행할 때는 이자율이 올라간다고 생각하시면 됩니다.

이렇게 시장 이자율이 올라가면 투자는 어떻게 될까요? 투자 결정은 이자율과 기대수익률을 비교해 이루어집니다. 이자율이 올라가면 투자에서 기대할 수 있는 수익률과 이자율의 격차가 점점 줄어들겠죠. 그러면 사람들은 리스크가 있는 투자보다는 안전한 저축을 선호하게 됩니다. 결국 시장의 투자 규모가 줄어드는 것입니다.

〈도표 7-1〉을 볼까요. 국민소득항등식에서 수요 측면의 다른 변수들은 그대로인 채 정부지출이 증가하면 GDP는 증가합니다. 그런데 만약 정부지출 증가가 구축효과를 일으켜 투

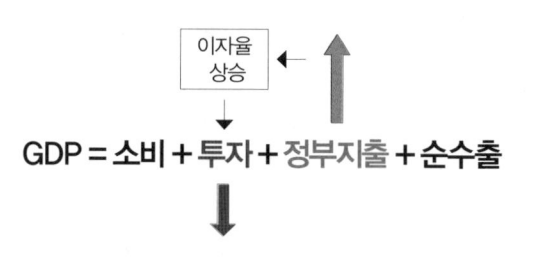

〈도표 7-1〉 국민소득항등식 내의 구축효과

자 감소를 초래한다면, 애초 기대했던 것만큼 GDP가 증가하지 않겠죠.

조세 감면의 역효과 : 리카디언의 등가

...

두 번째 개념은 리카디언의 등가(Ricardian Equivalence)입니다. 이 이론을 처음 제시한 영국의 경제학자 데이비드 리카도(David Ricardo)의 이름에서 따온 것으로, 조세 감소가 수요 증가로 이어지지 않는다는 논리입니다.

정부가 소비 진작을 위해 여러분의 소득세율을 일시적으로 인하한 상황을 가정해보겠습니다. 여기, 은행 앱을 열어 급여계좌의 잔고를 확인하고 있는 오경제 씨(32세, 직장인)가 있습니다. 소득세율 인하로 월급의 실수령액이 늘어났네요. 실제 연봉은 그대로이지만, 내야 하는 세금이 줄어들어 왠지 돈을 더 번 것처럼 신이 난 오경제 씨는 바로 인터넷 쇼핑몰의 앱을 켭니다. 그리고 장바구니에 고이 모셔두었던 한정판 상품의 결제 버튼을 누르려는 순간, 갑자기 무언가가 오경제 씨의 뇌리를 강하게 치고 지나갑니다.

'잠깐, 이거 왠지 조삼모사 같은데? 이번에 정부가 일시적으로 소득세율을 깎아주긴 했지만, 그러면 분명히 정부의 세입은 줄어들 테고, 그 결과 정부의 부채는 지금보다 훨씬 더 늘어나지 않을까? 그럼 나중에는 정부 부채를 줄이기 위해 세금을 더 걷는 것 아냐?'

생각이 여기에 이르자, 오경제 씨는 쇼핑몰 장바구니에 담겨 있던 상품의 결제 버튼 대신 삭제 버튼을 누릅니다. 어차피 나중에 다시 내야 하는 세금이니, 굳이 지금 소비해서 없애기보다 그냥 통장에 넣어두는 게 낫겠다고 판단한 것입니다.

이처럼 소비자들이 장래에 증가하게 될 조세를 예상해 소비를 당장 늘리지 않는다는 것이 리카디언의 등가입니다. 이 개념에 따르면 조세 감면이 수요의 증가, 즉 경기부양으로 이어지지 않을 수 있는 것이죠.

〈도표 7-2〉와 〈도표 7-3〉은 2020년 미국 대통령 선거 당시 도널드 트럼프 후보와 조 바이든 후보의 재정정책을 비교한 것입니다. 두 후보 모두 차량 내비게이션에 '경제성장과 실업률 감소'를 목적지로 입력한 것은 동일합니다. 하지만 목적지에 이르는 경로가 서로 달랐는데요. 트럼프 후보는 '조세 감면과 규제 완화'라는 길을, 바이든 후보는 '정부 소비 및 투자의 증대'라는 루트로 목적지에 도달할 것이라고 말했죠.

2021~30년 기간에 트럼프 후보의 정책은 조세 수입을 약 2조 9,000억~4조 달러 줄이고 정부지출도 약 1조 3,000억~3조 2,000억 달러가량 줄어드는 것으로 예측되었습니다. 반면 바이든 후보의 정책은 같은 기간 동안 조세 수입을 3조 5,000억 달러 증가시키고, 정부지출도 약 5조 6,000억~6조 6,000억 달러 늘릴 것으로 전망되었습니다.

미국 대통령 후보들의 공약을 통해, 지향하는 경제 목표가

〈도표 7-2〉 2020년 대선 당시 도널드 트럼프 후보의 재정정책

항목	2021~30년 비용/수입 (단위 : 10억 달러)
조세 수입	**-2,901~-4,074**
'Made in America' 세금 공제	-50
필수 산업에 대한 100% 비용 처리	-350
감세와 일자리 법안 연장	-1,370
자본 이득 및 배당 세율을 20%에서 15%로 인하	-99
중위소득에 대한 세금 22%에서 15%로 인하	-960~-1,920
기업 세율 21%에서 20%로 인하	-186
세금 공제를 위한 사회보장번호 요구	+73
기회특구 확대	-50
이연급여세 면제	-122
불확실 : 택스 갭(tax gap), 정부 자산 매각 등	+212
지출	**-1,371~-3,215**
보건의료	-769
2025년 이후 국방지출 동결	-400
비국방 재량 지출	-1,537
기반시설 지출	+1,000~+2,000
교육	-125
의무지출에 대한 감액	-540
– 농장 보조금 삭감	-57
– 연방 보건 및 퇴직 혜택	-80
– 우편 서비스 개혁	-91
– 영양보충 지원 프로그램 삭감 및 개혁	-180
– 연방 장애인 프로그램 개혁	-76
– 기타(에너지, 국토안보 등)	-56
불확실 : 보건의료 개혁의 영향	-844

자료 : RaboResearch, "Biden and Trump policies: Compare and contrast", October 23, 2020, by Hugo Erken, Philip Marey and Michiel van der Veen.

〈도표 7-3〉 2020년 대선 당시 조 바이든 후보의 재정정책

항목	2021~30년 비용/수입 (단위 : 10억 달러)
조세 수입	**+3,530**
기업 소득세율 인상	+1,300
미국 기업들의 해외지사가 얻는 이익에 대한 최저 세율을 10.5%에서 21%로 인상	+306
장부상 이익에 대한 기업 최저세율 15%	+242
40만 달러 초과하는 소득에 대한 사회보장 급여 세율 12.4% 부과	+885
개인 소득 최상위 등급에 대한 세율 37%에서 39.6%로 인상	+147
100만 달러 초과하는 자본 소득 및 배당에 대한 세율을 20%에서 39.7%로 인상	+476
40만 달러 초과하는 소득에 대한 공제 한도 28%로 제한	+367
40만 달러 초과하는 소득에 대한 사업 소득 공제 점진적 폐지	+208
생애최초 주택 구입 및 임대에 대한 세금 공제(1만 5,000달러 한도)	-300
육아에 대한 세금 공제 인상	-100
지출	**+5,632~+6,682**
깨끗한 에너지 및 지속가능한 기반시설 건설	+1,700
지속가능성에 집중한 기반시설 투자	+1,000
교육 투자	+850~+1,900
연구개발 투자	+300
주택 투자	+340
획득 투자	+400
사회보장	+291
보건의료	+751
기타	
최저 임금을 7.25달러에서 15달러로 인상	

자료 : RaboResearch, "Biden and Trump policies: Compare and contrast", October 23, 2020, by Hugo Erken, Philip Marey and Michiel van der Veen.

같아도 정치적 입장에 따라 상반되는 재정정책이 만들어지는 것을 확인할 수 있습니다. 여러분은 두 입장 중 어느 쪽에 더 공감하시나요?

6장과 7장에서는 각각 중앙은행과 정부의 경제안정화 정책을 소개해드렸습니다. 8장에서는 개방경제(open economy)로 넘어가서 환율에 대한 이야기를 들려드리도록 하겠습니다.

CHAPTER 8

환율

"환율은 왜
매일같이 오르내리는 걸까?"

여러분, 혹시 이것 눈치채셨나요? 지금까지 우리는 한 나라가 다른 나라와 수출이나 수입 등의 무역 활동을 일절 하지 않는 폐쇄경제(closed economy)를 가정했다는 사실 말입니다. 하지만 현실은 그렇지 않죠. 그러니 지금부터는 무역이나 금융 거래 등을 통해 나라와 나라의 경제가 서로 연결되는 개방경제(open economy)를 전제로 경제의 주요 변수들을 다뤄보고자 합니다.

우리는 이 순간에도 개방경제를 살아가고 있습니다. 여러분이 아마존에서 직구한 상품, 구매대행 쇼핑몰에서 주문한 물품들이 비행기를 타고 바다를 건너오고 있고요. 많은 이들이 미국 주식시장에 상장된 기업 주식을 스마트폰으로 간편하게 사고팔기도 합니다. 이처럼 상품과 돈이 자유롭게 국경을 넘나드는 활동의 밑바탕에는 이번 주제인 '환율'이 자리하고 있습니다.

일상에서 우리가 환율에 가장 민감해지는 순간은 아마 해외여행을 준비할 때인 것 같습니다. 몇십 원 차이에 전체 여행 예산이 오르락내리락하기 때문이죠. 해외여행은 물론이고 환율은 지금까지 살펴본 경제변수들과도 밀접하게 연결됩니다. 예를 들어 1인당 GDP는 대개 달러 기준으로 계산되는데, 순전히 환율 때문에 1인당 GDP가 커지거나 작아질 수 있습니다. 수입 제품의 가격은 환율에 따라 변화하기 마련이므로 인플레이션에도 영향을 주죠. 수출업체들의 가격경쟁력 또한 환율의 영향에서 자유로울 수 없으므로, 그에 따라 관련 산업의 매출과 실업률이 달라지곤 합니다.

개방경제 하에서는 국내 이자율만이 아니라 외국의 이자율도 개인의 투자 결정에 영향을 미칩니다. 예를 들어 미국의 연준이 기준금리를 올려 한국과 미국의 금리차가 벌어지면 투자자들의 자금이 우리나라에서 미국으로 이동해 환율이 달라질 테고, 이것이 한국은행의 통화정책 수립에도 영향을 줍니다.

이처럼 환율은 경제 전반을 아우르는 중요한 변수이니 잘 이해할 필요가 있습니다. 그럼 먼저 환율의 개념부터 알아볼까요.

명목환율 : 두 나라 화폐의 상대적 교환비율

...

2장과 3장에서 GDP와 이자율은 명목과 실질로 나뉜다고 했던 것 기억하시죠? 이와 유사하게 환율도 명목환율과 실질환율로 구분할 수 있답니다.

먼저 명목환율은 어떤 두 국가가 사용하는 화폐의 상대적인 교환비율을 의미합니다. 예를 들어 현재 우리나라에서 가장 보편적으로 사용되는 명목환율인 원/달러 환율은 한국의 화폐인 원화와 미국의 화폐인 달러의 교환비율을 말해줍니다.

두 화폐 간의 교환비율이다 보니, 교환하려는 화폐의 기준을 어느 쪽에 잡느냐에 따라 명목환율의 표기법이 달라집니다. 우리나라 사람들의 지갑에는 신사임당과 세종대왕이 그려진 한국은행권이 들어 있으므로, 원화를 달러화로 바꾸려고 할 때의 교환 비율은 원화를 기준으로 표시합니다. 조지 워싱턴이 그려진 미국의 1달러로 바꾸기 위해 얼마만큼의 퇴계 이황과 이순신 장군이 그려진 원화가 필요한지를 알려주는 원/달러 환율을 사용하는 것이죠.

예를 들어볼까요. 2022년 3월 4일 20시 기준의 환율은

1,217.5원/달러입니다. 이 숫자는 미국의 1달러와 교환하기 위해 한국 돈 1,217.5원이 필요하다는 정보를 제공해줍니다. 말하자면 명목환율은 1달러에 붙어 있는 일종의 가격표인 셈입니다.

1달러의 가격표는 세계 각국에서 사용하는 화폐에 따라 다릅니다. 우리나라에서는 1달러의 가격표에 1,275원이라고 적혀 있다면, 유럽연합 국가들에서는 1달러에 붙은 가격표가 1.1유로, 일본에서는 115.6엔, 중국에서는 6.3위안이 되는 식입니다. 물론 제가 앞으로 이야기할 환율은 1달러의 원화 가격을 기준으로 합니다.

명목환율이 두 종류의 화폐를 교환하는 비율이라는 사실을 알았으니, 이번에는 명목환율의 숫자가 올라가고 내려가는 것은 어떤 의미인지를 살펴보겠습니다.

원/달러 환율이 1,217에서 갑자기 2,000으로 변화한 상황을 가정해보죠. 이것은 원화를 1달러로 교환하는 데 원래는 1,217원만 있으면 됐는데 지금은 2,000원이 필요하다는 뜻입니다. 이처럼 환율이 상승하면 예전보다 더 많은 원화가 있어야 1달러와 교환할 수 있습니다. 그만큼 달러에 비해 우리나라 화폐의 가치가 떨어진 것으로 이해할 수 있겠죠. 이것을 우리는 달러 대비 원화 가치가 '절하(depreciation)되었다'고 표현합니다.

환율은 두 화폐의 교환비율이다 보니, 한 나라의 화폐가치가 내려가면 반대쪽 화폐의 가치는 상대적으로 올라가게 됩니다. 원/달러 환율이 올라서 원화 가치가 상대적으로 떨어지면, 달러 가치는 반대로 올라가는 것이죠. 이럴 때 우리는 달러화 가치가 원화 대비 '절상(appreciation)되었다'고 이야기합니다.

즉 '원/달러 환율이 1,200에서 2,000이 되었다'는 동일한 현상을 한국 입장에서는 원화 가치의 상대적 하락으로 받아들이고, 미국에서는 원화 대비 달러 가치의 상대적 상승으로 해석하게 됩니다.

이처럼 환율을 다룰 때는 두 화폐의 상대적 가치가 항상 동전의 양면과 같다는 사실을 반드시 기억하셔야 합니다. 한쪽의 가치가 올라가면, 다른 한쪽의 가치는 떨어집니다. 우리는 한국을 기준으로 생각하기로 했으니 이제부터 뉴스에서 원/달러 명목환율이 올라갔다는 이야기를 들었다면 '원화의 가치가 달러에 비해 하락했구나'라고, 반대로 환율이 떨어졌다는 소식을 들었다면 '원화의 가치가 달러에 비해 상승했구나'라고 생각하시면 됩니다.

실질환율 : 두 나라 상품의 상대적 교환비율

···

명목환율에 대해 이해했으니 이제 실질환율로 넘어가 볼까요. 실질환율은 두 나라 상품의 상대적인 교환비율이라 정의할 수 있습니다.

자, 이 대목에서 혹시 명목환율과의 차이점이 보이시나요? 네, 명목환율은 두 나라 간 '화폐'의 상대적인 교환비율인 반면, 실질환율은 두 나라 '상품'의 상대적인 교환비율을 의미합니다. 즉 명목환율은 우리나라 돈으로 다른 나라 돈을 얼마만큼 바꿀 수 있는지에 대한 것이고요, 실질환율은 우리나라 물건으로 다른 나라의 물건을 몇 개 바꿀 수 있는지에 대한 개념인 것이죠.

우리가 뉴스에서 일상적으로 접하는 것은 명목환율인데,

왜 굳이 실질환율 개념까지 알아야 하는 것일까요? 그것은 실질환율이 국가와 국가 간에 물건을 교환하는 무역과 직접적으로 연결되기 때문입니다.

이쯤에서 잊을 만하면 등장하는 국민소득항등식을 다시 떠올려봅시다. 다들 기억하시죠?

> **GDP=소비+투자+정부지출+순수출**

여기에서 가장 끝에 있는 '순수출'에 영향을 주는 것이 바로 실질환율입니다. 즉 실질환율에 따라 한 나라의 수입과 수출이 증가하거나 감소하게 된다는 것이죠. 그리고 수출과 수입의 변화는 다시 GDP와 연결되고요. 앞으로 누군가 우리나라의 수출과 수입에 영향을 주는 경제변수가 무엇인지 아냐고 묻는다면, '실질환율'이라고 대답하시는 겁니다.

실질환율은 다음과 같은 식을 통해 구할 수 있습니다.

$$실질환율 = \frac{명목환율 \times 외국상품\ 가격}{국내상품\ 가격}$$

등식 왼쪽에 실질환율이 있고 오른쪽에는 명목환율, 외국 상품 가격, 국내상품 가격이 있죠. 이는 실질환율이 이 3가지 요소로 결정된다는 것을 의미합니다.

우리는 지금 환율을 다루고 있으므로, 이들 요소 가운데 명목환율의 변화가 실질환율에 어떤 영향을 주는지에 대해 알아보겠습니다.

3개월 뒤 미국으로 출장을 가게 된 나출장 씨(32세, 직장인)는 미국에 가는 김에 현지에서 신상 스마트폰을 하나 살까 고민하며 가격 조사를 시작합니다. 먼저 한국에서 판매되고 있는 삼성의 갤럭시 스마트폰 가격을 보니 100만 원이라고 나오네요. 유사한 스펙의 애플 아이폰은 미국에서 1,000달러에 팔리고 있다고 하고요. 이 두 제품의 가격을 비교하기 위해 나출장 씨는 아이폰의 달러 기준 가격인 1,000달러를 원화로 바꿔주기로 합니다. 인터넷으로 검색한 환율 2,000원/달러에 아이폰 가격 1,000달러를 곱해주니, 아이폰의 원화 가격은 200만 원이 되네요.

이제 실질환율 식에 이 숫자들을 넣어볼까요.

$$실질환율 = \frac{2{,}000원/달러(명목환율) \times 1{,}000달러(아이폰\ 가격)}{1{,}000{,}000원(갤럭시\ 가격)} = 2$$

분자에 들어가는 것이 아이폰의 원화기준 가격이고요. 분
모에 들어가는 것이 갤럭시의 가격입니다. 원화로 표시한 아
이폰의 가격이 200만 원인 반면, 갤럭시의 가격은 100만 원
이기 때문에 실질환율은 2가 되는데요. 이것은 갤럭시 2개와
아이폰 한 개를 교환할 수 있다는 뜻입니다. 즉 갤럭시가 아이
폰에 비해 상대적으로 저렴하다는 것이죠. 나출장 씨는 미국
에서 아이폰을 구입하는 것보다 한국에서 갤럭시를 사는 게
훨씬 이득이라는 것을 알게 됩니다.

이와 같이 실질환율이 올라가면 한국에서 생산된 제품의
상대가격이 떨어져 한국제품에 대한 수요가 증가하게 되고,
그 결과 한국제품의 수출이 늘어납니다. 반대로 미국제품의
수입은 감소하죠.

그런데 출장을 며칠 앞두고, 뉴스에서 원/달러 환율이 갑
자기 떨어졌다고 나오네요. 3개월 전의 환율이 2,000이었는

데 지금은 500이 되어버린 것입니다. 이 소식에 나출장 씨는 다시 스마트폰 가격을 알아봅니다. 갤럭시의 한국 가격과 아이폰의 미국 가격은 예전과 동일합니다.

$$실질환율 = \frac{500원/달러(명목환율) \times 1{,}000달러(아이폰\ 가격)}{1{,}000{,}000원(갤럭시\ 가격)} = 0.5$$

아이폰의 달러 가격에 하락한 환율 500원/달러를 곱해주니, 원화 기준 아이폰 가격이 50만 원이 됩니다. 그 결과 실질환율은 0.5로 떨어졌네요. 즉 예전에는 갤럭시 2개와 아이폰 한 개를 교환할 수 있었는데, 이제는 반대로 갤럭시 한 개로 아이폰 2개를 교환할 수 있게 되었습니다. 즉 갤럭시의 가격이 상대적으로 오르고, 아이폰의 가격은 상대적으로 낮아진 것입니다.

한국에서 갤럭시 한 대를 살 수 있는 돈으로 미국에서는 아이폰을 2개나 살 수 있다는 것을 알게 된 나출장 씨는 미국에 도착하자마자 애플스토어에 들러 아이폰을 구입하기로 마음먹습니다.

이와 같이 실질환율이 내려가면 미국에서 생산된 제품의

상대가격도 내려가고, 그 결과 미국제품의 수요가 증가하게 됩니다. 즉 미국으로부터 수입을 많이 하게 되는 것이죠. 반대로 한국에서 생산된 제품들의 상대가격은 올라가고, 한국제품의 수출은 감소하고요.

정리해볼까요. 상품의 가격은 그대로이지만 명목환율이 변화할 경우 실질환율은 명목환율과 동일한 방향으로 움직여 수출과 수입에 다음과 같이 영향을 주게 됩니다.

명목환율 상승(원화 가치 하락) → 실질환율 상승 → 수출 증가, 수입 감소
명목환율 하락(원화 가치 상승) → 실질환율 하락 → 수입 증가, 수출 감소

방금 예시에서는 여러분의 이해를 돕기 위해 명목환율이 2,000원/달러에서 500원/달러로 급격하게 변동하는 극단적인 상황을 가정했는데요. 우리가 뉴스에서 실제로 접하는 명목환율은 이 정도로 다이내믹하지는 않지만, 어쨌든 매일 변동하는 것은 사실입니다.

명목환율이 매일 변하는 이유

...

그렇다면 명목환율은 왜 매일 오르내리는 걸까요?

명목환율의 변동 요인을 설명하는 다양한 경제 이론들 가운데 제가 소개해드릴 것은 수요와 공급의 원리에 기반해 단기적인 환율의 변화를 설명하는 방식입니다. 즉 외환시장에서 해당국 화폐에 대해 얼마만큼의 수요와 공급이 일어나는지에서 환율이 매일 변화하는 이유를 찾는 것입니다.

일반적으로 특정국가의 화폐에 대한 외환시장의 수요는 크게 국제금융과 국제무역을 통해 발생합니다. 예를 들어 미국인 투자자 버핏 씨가 한국의 주식시장에 투자하거나 우리나라 정부가 발행한 국채를 사기 위해 달러 투자금을 원화로 환전한다면, 금융 부문을 통해 원화에 대한 수요가 발생한 것이죠.[1] 한편 한국인 사업가 나경영 씨가 미국에 제품을 수출하고 결제대금을 달러로 받은 뒤 원화로 환전한다면, 무역 부문

---

1 대한민국 정부가 발행한 국채를 반드시 원화로만 사야 하는 것은 아닙니다. 환율 안정을 위해 발행하는 외국환평형기금채권(외평채)은 달러나 유로로 발행하는데요. 외국인이 이 채권을 달러나 유로로 사면 그만큼 우리나라의 해당 화폐 보유량이 증가하게 되죠.

을 통해 원화에 대한 수요가 발생한 예가 됩니다.

만약 외환시장에서 원화의 공급은 그대로인데 한국 주식 시장에 투자하려는 외국인 투자자들이 증가하거나, 우리나라 기업들이 달러로 지급받은 수출대금이 증가한다면 국제금융 및 국제무역과 관련된 원화 수요도 증가할 테고, 그 결과 원화 가치도 올라가게 됩니다. 그리고 앞에서 말씀드린 것처럼 환율과 우리나라의 화폐가치는 반대방향으로 움직이므로, 원화 가치가 상승할수록 명목환율은 하락하게 될 것입니다.

반대로 우리나라 투자자들이 미국 주식시장에 상장된 기업의 주식을 매수하려면 원화를 달러화로 바꿔야 하는데요. 각자 갖고 있던 원화를 외환시장에서 달러화로 환전하게 되면 외환시장에 원화의 공급이 늘어납니다. 또한 한국의 무역업자가 미국에서 생산된 상품을 수입하면서 결제대금을 달러로 지불한다면 원화를 달러로 바꿔야 하므로 외환시장에서 원화의 공급이 늘어나게 되죠. 원화에 대한 수요는 그대로인데 원화 공급만 이렇게 증가한다면 원화의 가치는 떨어질 것이고, 화폐가치와 반대방향으로 움직이는 명목환율은 상승하게 됩니다.

원화의 수요와 공급이 명목환율에 미치는 영향은 다음과 같이 정리할 수 있습니다.

원화 수요 증가(또는 공급 감소) → 원화 가치 상승 → 명목환율 하락
원화 공급 증가(또는 수요 감소) → 원화 가치 하락 → 명목환율 상승

국제결제은행(Bank for International Settlements)에 따르면 국제금융 시장에서 거래되는 외환의 규모는 2019년 기준 일평균 약 6조 6,000억 달러에 달한다고 합니다.[2] 참고로 2019년 전 세계 GDP 규모의 합은 약 87조 달러이므로, 일평균 약 2,383억 달러가 되는데요.[3] 이 숫자를 전 세계 외환 거래액과 비교해보면, 매일 국제금융 시장에서 거래되는 외환 규모가 일평균 세계 GDP보다 무려 27배나 많다는 사실을 알 수 있습니다. 국제금융을 통한 외화의 수요 및 공급이 얼마나 대단하게 이루어지고 있는지 알 것 같죠?

2 Bank for International Settlements, *BIS Triennial Central Bank Survey 2019.* 2019.

3 World Bank national accounts data, and OECD National Accounts data files.

지금까지 환율의 기본 개념을 살펴보았습니다. 앞에서 환율은 다양한 경제변수들과 밀접하게 연결된다고 말씀드렸는데요. 9장에서는 환율과 다른 경제변수들이 어떻게 이어지는지 좀 더 자세히 알아보도록 하겠습니다.

CHAPTER 9

환율 II

"맥도날드 빅맥으로
적정 환율을
계산할 수 있을까?"

앞에서 우리는 외환시장에서 수요와 공급에 의해 명목환율이 결정되는 원리에 대해 살펴보았습니다. 실시간 변동하는 명목환율의 숫자를 보고 있노라면, 지금 이 환율이 과연 적정한 것인지 궁금해질 때가 있습니다.

　사실 무언가의 적정 수준을 계산하는 것만큼 어려운 게 없죠. 왜냐하면 사람마다 '적정 수준'에 대한 판단 기준이 달라서, 누군가는 적정 수준에 비해 고평가되었다고 느끼는 것을 다른 사람은 오히려 저평가되었다고 생각하기도 하거든요. 지금 서울의 아파트 가격이 과연 적정 수준일까요? 지금의 삼성전자 주가가 적정 수준일까요? 지금 비트코인의 가격은 적정 수준일까요? 이런 질문에 사람마다 생각하는 바가 모두 다를 겁니다.

　비록 모두를 만족시킬 완벽한 방법은 없지만, 그래도 적정 수준을 알고 싶은 사람들이 차선책으로나마 참고할 만한 방법들이 있기는 합니다. 이를테면 특정 기업의 시가총액이 영업이익의 몇 배인지를 참고해 적정 주가를 추정해볼 수 있고요, 주택 가격과 연소득을 비교해 적정 아파트 가격을 가늠해 보기도 합니다.

그렇다면 적정 환율을 판단할 때에는 어떤 차선책을 사용할 수 있을까요?

구매력 평가와 일물일가의 법칙

...

경제학에서는 구매력 평가(purchasing power parity, PPP)를 통해 적정 환율에 참고할 정보를 얻을 수 있습니다. 구매력 평가의 핵심은 두 나라 화폐 사이의 명목환율은 장기적으로 두 나라의 물가 비율과 동일해진다는 것입니다.

이것은 '일물일가의 법칙(Law of One Price)'에 바탕을 두고 있습니다. 일물일가의 법칙이란, 동일한 물품이라면 세계 어느 곳에서나 가격이 같다는 것입니다. 예를 들어 한국에서 판매되는 발베니 위스키의 가격이 다른 나라보다 유독 비싸다면 사람들은 발베니가 저렴한 나라에서 대량으로 사들인 뒤 한국에 가져와 웃돈을 얹어 판매할 것입니다. 이것을 재정거래(arbitrage)라고 부르는데요. 이런 식으로 사람들이 차익을 얻기 위해 계속 발베니를 다른 나라에서 사들여 재판매하면 한국 시장에 발베니 공급이 점점 늘어날 테고, 시간이 흐름에 따라 발베니 가격은 다른 나라와 유사한 수준으로 내려갈 것입니다. 그리고 결국에는 발베니의 가격이 전 세계 어디든 같아지는 것이죠.

구매력 평가는 일물일가의 법칙을 바탕으로 특정 통화의 구매력이 어느 나라에서나 같아야 한다고 가정합니다. 대표적인 예가 영국의 시사주간지 〈이코노미스트〉에서 만든 빅맥 지수(Big Mac Index)입니다.[1]

2022년 2월 기준 맥도날드 빅맥의 미국 판매 가격은 5.81달러였네요. 빅맥 지수의 기본 개념은 미국 돈 5.81달러가 있으면 전 세계 어디를 가든 그 나라 통화로 환전해서 빅맥 한 개를 사먹을 수 있어야 한다는 것입니다.

같은 시기 우리나라에서 판매된 빅맥의 가격은 4,600원이었습니다. 빅맥 지수는 미국에서 빅맥을 먹으려면 필요한 5.81달러와 한국의 빅맥 가격 4,600원의 가치가 동일하다고 가정한다고 했죠? 그에 따르면 미국과 한국에서 각각 판

---

1 https://www.economist.com/big-mac-index

매되는 빅맥 가격의 비율(4,600원/5.81달러)인 791.7원/달러가
바로 빅맥 지수가 사용하는 구매력 평가 기준의 명목환율이
됩니다.

이때 빅맥 가격 자리에 양국의 물가를 대입하면, 앞서 제가
말씀드린 것처럼 구매력 평가 기준의 명목환율은 양국의 물
가 비율과 같아지는 것이죠.

다만 이것은 이론적으로만 그렇다는 것이고, 실제 환율은
구매력 평가 환율과 딱 들어맞지는 않습니다. 2022년 2월의
실제 원/달러 환율은 1,205.5로 구매력 평가 기준 환율보다
약 34%나 높습니다. 이 말은 곧 우리나라 원화의 가치가 구매
력 평가 기준의 환율 수치에 비해 34% 정도 저평가되어 있다
는 것을 의미합니다. 빅맥을 이용한 구매력 평가라는 개념에
따르면 명목환율은 양국의 물가 비율인 791원/달러가 되어
야 하지만, 여러 가지 이유로 지금은 이보다 훨씬 높은 수준의
환율을 유지하고 있다고 이해할 수 있겠죠.

그러니 여러분도 구매력 평가 기준의 환율을 반드시 성립
해야 하는 법칙 같은 것으로 받아들이기보다는, '일물일가'라
는 아이디어에 기반하면 적정 환율을 이렇게도 측정해볼 수

있다는 정도로 알고 계시면 될 것 같습니다.

구매력 평가는 환율만이 아니라, 우리가 이 책에서 가장 먼저 살펴본 경제변수인 GDP를 계산할 때도 쓰입니다. 세계 각국의 GDP를 그 나라에서 사용하는 화폐를 기준으로 계산하면 비교가 어렵기 때문에 단위를 통일해줘야 하는데요. 가장 일반적으로 사용하는 방법은 명목환율을 이용해 각국의 GDP를 달러 기준으로 바꾸어주는 것입니다. 그런데 명목환율은 외환시장에서 해당국 화폐에 대한 수요와 공급에 따라 그때그때 달라지잖아요. 그럴 때마다 GDP 수치도 크게 달라질 수 있겠죠.

이러한 문제점을 보완하기 위해 구매력 평가를 통해 GDP를 계산하기도 합니다. 앞서 살펴본 빅맥 지수처럼, 각국의 물가 수준에 연동해 계산된 환율을 사용하는 것입니다. 이를테면 원화 기준으로 계산된 우리나라 GDP를 달러로 바꿔줄 때 명목환율인 1,205원/달러 대신 빅맥 지수를 통해 도출된 790원/달러를 쓰는 것을 상상하시면 됩니다. 물론 실제로 빅맥 지수를 사용하는 건 아니고요. 소비자물가지수를 측정할 때처럼 장바구니에 담길 특정 상품들을 먼저 선정한 다음, 장

<도표 9-1> 2021년 세계 GDP 순위

순위	명목환율 기준		구매력 평가 기준	
	국가	GDP (단위 : 10억 달러)	국가	GDP (단위 : 10억 달러)
1	미국	22,940	중국	27,072
2	중국	16,863	미국	22,940
3	일본	5,103	인도	10,181
4	독일	4,230	일본	5,634
5	영국	3,108	독일	4,843
6	인도	2,946	러시아	4,447
7	프랑스	2,940	인도네시아	3,530
8	이탈리아	2,120	브라질	3,438
9	캐나다	2,016	프랑스	3,322
10	대한민국	1,824	영국	3,276

자료 : IMF, Report for Selected Countries and Subjects: October 2021. , World Economic Outlook Database. (검색일 : 2022. 3. 20)

바구니의 가격이 각국의 화폐 기준으로는 얼마가 되는지를 조사합니다. 그러고 나서 미국의 장바구니 가격과 각국의 장바구니 가격 사이의 비율을 계산해 최종적으로 구매력 기준 환율을 도출하게 됩니다.

〈도표 9-1〉은 명목환율과 구매력 평가 환율로 각각 계산한 주요국의 GDP입니다. 서로 순위가 많이 다른 것이 보이시죠? 구매력 평가를 이용해 GDP를 계산하면 물가 수준이 낮은 국가들의 GDP가 전반적으로 올라가는 것을 확인할 수 있습니다.

환율 등락이 생산자와 소비자에게 미치는 영향

...

이렇게 우리는 적정 환율로 시작해서 구매력 평가 GDP까지 살펴보았습니다. 이왕 구매력 평가에 대해 이야기한 김에, 한 걸음 더 나아가 만약 1,205원/달러인 명목환율이 빅맥 지수로 산출한 구매력 평가 기준 환율인 791원/달러로 갑자기 내려가면 어떤 일이 벌어질지 한번 상상해보겠습니다. 명목환율이 791원/달러로 급격히 떨어져서 원화 가치가 34% 상승할 경우, 우리의 일상에는 어떤 일이 일어날까요?

먼저 소비자 입장에서 생각해보겠습니다. 아이폰의 미국 가격이 1,000달러라고 가정하면, 환율이 1,200원/달러였을 때는 미국 출장길에 아이폰을 사려면 120만 원이 필요했는데 이제는 79만 원만 있으면 됩니다. 아이폰 가격은 그대로인데 환율 하락(원화 가치 상승)으로 34%나 저렴하게 구입하는 효과가 생겼네요.

미국 주식시장에 투자하는 입장에서 보면, 환율이 1,200원에서 790원으로 떨어지는 것은 미국에 상장된 기업들의 주식 가격이 모두 34% 인하되는 것과 같은 효과를 냅니다. 1주에 900달러인 테슬라 주식을 사려면 예전에는 108만 원이 필요했는데, 이제는 71만 원만 있으면 되니까요.

이처럼 환율이 하락하면 원화 가치가 상승하므로, 원화를 사용하는 한국인 소비자들이 미국 달러로 표시된 상품을 비롯해 주식이나 부동산 같은 자산을 더 저렴하게 구입할 수 있는 효과를 냅니다.

생산자에게는 어떤 영향이 있을까요? 현재 세계 경제는 공급망(supply chain)으로 연결되어 있어서, 제품을 생산할 때 다양한 국가에서 원자재나 부품 등을 수입해서 중간재로 사용하게 됩니다. 중간재를 미국에서 구입하는 생산자는 환율 하락으로 중간재 가격이 떨어져 비용절감 효과를 보게 됩니다.

반대로 미국에 중간재를 공급하는 국내 생산자라면, 환율 하락으로 예전보다 납품가가 비싸지는 셈이 되니 가격경쟁력이 떨어지겠죠.

중간재만이 아니라 미국으로 최종 생산물을 수출하는 국내 기업들에도 환율 하락은 같은 영향을 미칩니다. 한국제품의 가격이 상대적으로 비싸지므로 가격경쟁력이 떨어지죠. 그 결과 우리나라 상품의 수출은 점점 줄어들게 될 것입니다.

달러 빚이 많은데 환율이 오르면

...

환율은 부채 상환과도 밀접히 연관됩니다. 만약 미국에 있는 은행에서 10만 달러의 대출을 받았다면, 환율이 1,200원/달러였을 때는 원화 기준으로 원금 1억 2,000만 원을 갚아야 했지만 790원/달러로 환율이 내려가면 원화 기준으로 34%나 인하된 원금 7,900만 원만 갚으면 되는 것이죠. 이와 같이 환율이 떨어지면 달러로 빌린 부채의 부담이 경감됩니다. 이른바 '달러 빚'을 진 사람들에게 환율 하락은 빚을 줄여주는 효과가 있죠.

반대로 환율이 올라가면요? 네, 환율이 올라가는 만큼 달러 부채에 대한 부담도 증가하게 됩니다.

우리나라는 이미 그런 경험이 있습니다. 1997~98년에 우리를 고통스럽게 했던 IMF 외환위기가 그랬죠. 당시 우리나라는 단기간에 상환해야 하는 달러 부채가 많았는데요. 동남아시아에서 촉발된 경제위기는 외국인 투자자들로 하여금 우리나라의 부채 상환능력도 의심하게 만들었고, 그 결과 우리나라에 들어와 있던 외국 자본이 급격히 빠져나갔습니다. 8장에서 살펴본 것처럼, 외국인 투자자들이 자금을 회수하려면 기존에 갖고 있던 원화를 달러로 바꿔야 합니다. 외환시장에 원화를 팔려는 사람들이 갑자기 증가하자, 환율이 급격하게 오르기 시작합니다.

설상가상으로 원화 가치가 떨어짐에 따라 상환해야 하는 단기 달러 부채의 부담이 커지게 됩니다. 달러 부채는 당연히 달러로 갚아야 하는데, 이제 달러를 사기 위해 예전보다 더 많은 원화가 필요하게 된 것이죠. 그러자 외국 금융기관들은 우리나라에 빌려준 돈을 떼일지도 모른다는 두려움에 부채 상환 기일을 연장해주지 않고 지금 당장 갚으라고 요구했고요.

그런데 당시 우리나라가 보유한 달러의 규모는 갚아야 하는 달러 부채보다 적었습니다. 이른바 '국가 부도'의 가능성이 발생하게 된 것이죠. 결국 우리나라는 IMF로부터 달러를 빌려와 급한 불을 끄게 됩니다.

우리가 이미 겪었듯이, 환율 상승은 자칫 한 국가를 부도로 몰고 갈 수 있을 정도의 파급력을 지닙니다. 환율이 오르고 내리는 것은 단순히 숫자 차원의 이야기가 아니라 한 나라의 흥망성쇠와도 연결되는 중요한 의미를 내포하고 있다는 것을 기억해주세요.

국가 부도를 막으려면

...

그런데 앞에서 부채 상환에 대해 이야기할 때 혹시 '부채를 갚기 위해 한국은행에서 돈을 많이 찍어내면 되는 것 아닌가'라고 생각하시지는 않으셨나요? 이것은 인플레이션과 연결됩니다. 제가 2장에서 화폐수량이론을 소개해드리면서, 중앙은행이 화폐를 많이 찍어내면 장기적으로 실물 부분에는 아무런 실효성 없이 물가만 올라간다고 말씀드렸던 것 기억하시죠?

한국은행이 달러 부채를 갚기 위해 원화를 많이 찍어내도 마찬가지로 물가가 오릅니다. 물가가 상승한다는 것은, 물건을 사기 위해 한국은행권이 더 많이 필요해진다는 뜻입니다. 즉 원화의 가치가 그만큼 떨어진다는 것이죠. 명목환율은 두 국가 간의 화폐 교환 비율이므로 원화 가치가 떨어지면 명목환율이 올라가게 됩니다. 결론적으로 달러 빚을 갚기 위해 원화를 더 찍어냈는데, 이로 인해 원화 가치가 더 떨어져서 갚아야 하는 달러 빚 부담만 늘어나는 악순환이 발생하게 됩니다.

이런 문제가 발생하는 근본적인 이유는, 우리나라가 달러의 발권력을 갖고 있지 않기 때문입니다. 즉 우리가 필요하다고 해서 그때그때 원화처럼 자유롭게 달러를 찍어낼 수 없다는 것이죠.

뉴스를 보시면 '외환 보유액'이라는 말이 종종 나오죠? 외환 보유액은 한국은행 또는 정부가 보유하고 있는 달러 규모를 말하는데요. 2021년말 기준 우리나라의 외환 보유액은 약 4,631억 달러입니다.[2]

참고로 우리나라가 보유한 외환 보유액의 약 90% 정도는 국채, 정부기관채, 회사채 등과 같은 유가증권입니다.[3] 마치 우리가 여유자금을 금고에 넣어두지 않고 은행에 예금해두는 것과 비슷하게, 달러를 현금 형태로 한국은행 금고에 보관하는 대신 미국 국채 같은 유가증권 형태로 보유함으로써 일정 수준의 수익도 함께 얻는 것이죠.

우리나라의 외환 보유액에 환율 1,200원/달러를 적용하면 약 556조 원입니다. 2021년 정부 예산인 558조 원과 비슷한 규모입니다. 정부의 1년 예산과 비슷한 규모의 외환을 보유하고 있는 셈입니다. 결코 적은 금액이 아니죠. 우리나라는 왜 이렇게 많은 외환을 보유하고 있는 것일까요?

가장 큰 이유는 IMF 외환위기 때처럼 외국인 투자자들이 갑자기 우리나라에서 투자금을 회수하는 상황이 발생할 경우, 중앙은행이 보유한 달러를 시장에 공급하면서 환율을 안정적으로 유지하기 위해서입니다. 또한 당장 갚아야 하는 부채 규모보다 훨씬 넉넉한 수준으로 달러를 보유함으로써 "우

---

2 한국은행, ECOS 경제통계시스템. (검색일: 2022. 3. 20)

3 한국은행 보도자료, 2022년 2월말 외환 보유액, 2022. 3. 4

〈도표 9-2〉 **2022년 1월말 기준 주요국의 외환 보유액 규모**

순위	국가	외환 보유액 (단위 : 억 달러)
1	중국	32,216
2	일본	13,859
3	스위스	10,926
4	러시아	6,302
5	인도	6,299
6	대만	5,489
7	홍콩	4,925
8	대한민국	4,615

자료 : 한국은행이 IMF 및 각국 중앙은행 홈페이지를 토대로 작성한 보도자료(2022년 2월말 외환 보유액, 2022. 3. 4)에서 재인용.

리는 달러 부채의 상환능력이 충분하다"는 것을 보여주어 대외 신뢰성을 확보하는 데에도 기여하게 됩니다. 이러한 이유로 우리나라뿐 아니라 많은 나라가 평소에 달러를 충분히 쟁여두고 있습니다.

〈도표 9-2〉는 2022년 1월말 기준 세계 각국의 외환 보유액 순위를 보여주고 있습니다. 우리나라의 외환 보유액 규모는 세계 8위군요. 나라마다 보유하고 있는 외화의 규모를 보

면, 환율이 국가의 흥망성쇠와 연결될 수 있다는 사실이 좀 더 피부에 와닿지 않나요?

CHAPTER 10

이자율 II

"채권의 금리와 가격은
왜 반대 방향으로 움직일까?"

2008~09년 글로벌 금융위기 당시 미국의 기준금리가 거의 0%까지 떨어지면서 더 이상 이자율을 내릴 수 없게 되었다고 말씀드렸죠. 그러자 연준은 시장에서 거래되는 채권들을 다량 매입하면서 채권의 금리를 떨어뜨렸는데요. 이것을 '양적완화'라 부른다고 했던 것 기억하시나요?

그런데 연준이 시장에서 채권을 대량으로 매입하면 채권 금리는 왜 떨어지는 것일까요? 이번 장에서는 채권 금리를 통해 이자율에 대해 한 단계 더 깊이 들어가 보려고 합니다.

그러려면 먼저 채권이 무엇인지부터 알아야겠네요. 채권은 돈을 빌리려는 채무자가 발행하는 채무증권입니다. 재정정책을 설명한 7장에서 살펴본 것처럼 정부가 재정지출을 위한 재원을 확보하고자 국채를 발행하기도 하고요. 개별 기업이 자금을 조달하기 위해 회사채를 발행하기도 합니다.

채권에는 기본적으로 액면가(par value)를 비롯해 발행일자, 언제까지 빌린 돈을 상환하겠다는 상환일자가 기록되어 있습니다. 채권은 이자 지급 방식에 따라 이표채(coupon bond)와 할인채(zero coupon bond)로 구분합니다.

정기적으로 이자를 주는 이표채

...

채권 보유자에게 미리 정해진 만큼의 이자를 정기적으로 지급하는 이표채부터 알아보겠습니다.

이표채의 '이표(利票)'는 쿠폰(coupon)이라고도 합니다. 채권에 있는 쿠폰을 떼어서 정해진 시기에 제출하면 이자를 지급한 것에서 유래한 이름입니다. 이때 액면가 대비 쿠폰의 비율을 쿠폰 이자율(coupon interest rate)이라 하는데요. 쿠폰을 지급하는 채권의 겉면에는 쿠폰 이자율이 함께 적혀 있기 때문에 '표면 이자율' 또는 '액면 이자율'이라고도 부른답니다.

채권 용어를 처음 접하는 분들은 이해가 쉽지 않을 것 같은데요. 실제 채권이 어떻게 생겼는지 한번 보시면 금방 감이 올 겁니다. 〈도표 10-1〉은 정부가 발행한 고용안정채권 예시입니다. 액면가는 10억 원이고, 발행일은 1998년 6월 29일, 상환일은 2003년 6월 29일인 5년 만기 채권이군요. 그리고

고용안정채권

제1998-1회차

발행일: 1998년 6월 29일   **금일십억원**

상환일: 2003년 6월 29일   1,000,000,000

이자율: 연 7.6%

이 채권은 고용정책기본법 및 동법 시행령, 금융실명거래및비밀보장에관한법률 및 동법 시행령에 의하여 뒷면에 기재한 조건으로 발행합니다.

근로복지공단 이사장

채권이자지급표(쿠폰)	채권이자지급표(쿠폰)	채권이자지급표(쿠폰)

연 7.6%를 이자로 지급하는 이표채이므로, 채권 아래에 붙은 쿠폰을 정해진 날짜에 떼어서 가져가면 이자를 받을 수 있습니다. 만약 1998년에 이 채권을 구입했다면 매년 10억 원의 7.6%인 7,600만 원을 쿠폰(이자)으로 받게 되는 거죠. 만기일

인 2003년 6월 29일에는 액면가인 10억 원을 받았을 테고요. 예전에는 이렇게 종이로 된 채권을 발행했지만, 지금은 채권도 주식처럼 모두 전자로 등록되어 종이 채권은 이제 박물관에서나 볼 수 있습니다.

이렇게 만기까지 채권을 계속 보유할 수도 있지만, 갑자기 현금이 필요해져 중간에 채권을 팔아야 할 수도 있습니다. 채권의 특징 가운데 하나가 주식처럼 시장에서 거래할 수 있다는 것이에요. 실제로 우리나라 금융시장에서 거래되는 대표적인 유가증권이 바로 주식과 채권입니다. 〈도표 10-2〉는 우리나라의 다양한 채권종류별 발행잔액을 보여줍니다. 이를 통해 국가나 공공기관, 일반기업이 자본시장을 통해 얼마만큼의 자금을 조달하는지 가늠해볼 수 있습니다. 참고로 2021년의 채권 발행잔액은 약 2,462조 원인데요. 이는 2021년의 우리나라 명목GDP 규모인 약 2,071조 원보다도 큰 수치입니다.

채권을 시장에서 팔려고 할 때 가격은 어떻게 결정될까요? 가장 먼저 생각해볼 수 있는 것은 수요와 공급입니다. 시장에서 거래되는 일반적인 상품들처럼 채권의 가격도 수요와 공급 법칙의 영향을 받거든요. 채권을 사려는 사람보다 팔려는 사람이 많으면 가격이 떨어지고요. 반대로 채권을 팔려는 사

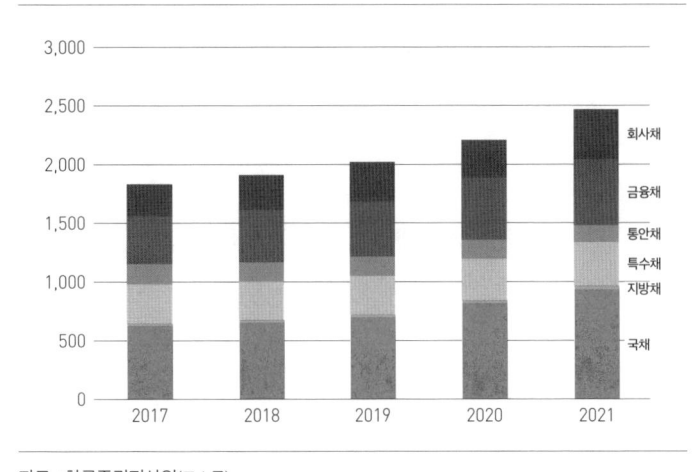

자료 : 한국증권전산원(코스콤)
주 : 발행잔액은 채권의 총 발행액에서 총 상환액을 빼 준 금액으로 순발행 금액의 누적 합계를 의미.

람보다 사고자 하는 사람이 많으면 가격이 올라가죠.

만약 양적완화 때처럼 중앙은행이 시장에서 채권을 대량으로 매입하게 되면 채권의 가격은 어떻게 될까요? 채권의 공급은 그대로인데, 채권 수요가 갑자기 증가해서 채권의 가격이 오르게 됩니다.

그런데 여기서 이런 의문을 갖게 될 것입니다. 양적완화를 하면 수요와 공급의 원리에 따라 채권 가격이 오른다는 것은 알겠는데, 채권 금리는 왜 반대로 떨어지는지 말입니다.

채권 금리 : 이자율이 아닌 수익률로 접근

...

채권 가격과 채권 금리가 서로 반대 방향으로 움직이는 원리를 이해하려면 '금리'의 개념을 알아야 합니다.

금리(金利)는 우리가 3장에서 살펴본 이자율(interest rate)과 같은 의미입니다. 즉 돈을 빌릴 때 지불하는 이자를 원금 대비 비율로 계산한 것이 이자율인데, 우리나라에서는 일반적으로 '이자율'과 '금리'라는 용어를 혼용해서 사용하고 있습니다.

그런데 이 금리를 채권 뒤에다 쓰면 약간의 혼동이 발생합니다. 특히 정해진 기간마다 이자를 주는 이표채의 경우가 그런데요. 왜냐하면 앞에서 본 것처럼 이표채에는 '이자율'이라고 떡하니 적혀 있기 때문이죠. 하지만 우리가 채권 금리라고 할 때의 금리는 이표채의 액면가 대비 쿠폰의 비율을 뜻하는 쿠폰 이자율이 아니라 '수익률(yield to maturity, 줄여서 yield)'을 의미한다는 것을 꼭 기억해야 합니다.

아주 엄밀한 정의는 아니지만, 이자율은 보통 우리가 은행에서 대출받을 때처럼 돈을 빌리는 사람 입장에서 원금에 대해 얼마만큼의 이자를 지불해야 하는지를 측정하는 개념으로 생각하시면 됩니다. 반면 수익률은 여유자금을 이용해 돈을 빌려주는 투자자 입장에서 원금에 대해 얼마만큼의 수익을 얻을 수 있는지 계산하는 개념으로 생각하시면 될 것 같습니다.

앞에서 살펴본 고용안정채권 예시로 잠깐 돌아가 볼게요. 해당 채권의 표면에는 선명하게 '이자율'이라고 적혀 있는데요. 채권을 통해 돈을 빌린 정부 입장에서 액면가에 대해 매년 지불해야 하는 쿠폰 이자를 표시한 것이기 때문에 이자율이라는 용어를 사용했다고 이해하시면 됩니다.

그렇지만 이 채권을 구입한 사람, 즉 정부에 돈을 빌려준 투자자 입장에서는 채권에 적힌 쿠폰 이자율보다는 중간에 해당 채권을 시장에서 판매했을 때 얼마만큼의 수익을 얻을 수 있는지가 더 궁금할 것입니다. 왜냐하면 채권의 가격도 수요와 공급에 따라 시시각각 달라지거든요. 이렇게 채권이라는 상품에 돈을 투자한 투자자의 관점에서 투자 원금 대비 얼마만큼의 수익을 얻을 수 있는지를 측정하는 개념이 바로 수익률(yield)입니다.

우리가 일반적으로 채권 금리라고 할 때의 금리는 이표채 보유자에게 정기적으로 지급하는 쿠폰 이자율이 아니라, 해당 채권을 시장에서 판매했을 때 얻을 수 있는 수익률을 의미한다는 사실을 꼭 기억하세요.

채권 금리와 가격은 반비례 관계
...

채권 금리의 개념이 정리되었으니, 이제는 채권 금리와 가격이 왜 서로 반대 방향으로 움직이는지 살펴보도록 하죠.

나투자 씨(35세, 직장인)는 5년 만기 국채를 구입할지 말지 고민하고 있습니다. 해당 채권의 액면가는 1,000만 원이고, 매년 액면가 대비 5%를 쿠폰(이자)으로 지급한다고 나와 있네요. 나투자 씨는 머릿속으로 이 채권을 구입했을 때 향후 5년 동안 얼마만큼의 현금을 실제로 받게 될지 먼저 생각해 봅니다.

① 향후 5년 동안 채권의 액면가인 1,000만 원의 5%에 해당하는 50만 원을 매년 쿠폰(이자)으로 받게 될 것이다.

② 5년 뒤에는 액면가 1,000만 원도 돌려받을 것이다.

앞으로 받게 될 현금흐름을 확인하고 난 뒤, 나투자 씨는 해당 채권이 시장에서는 얼마에 거래되고 있는지 알아봅니다. 검색해보니 해당 채권의 현재 가격은 950만 원이라고 나오네요. 살까 말까 망설이던 나투자 씨는 좀 더 고민해보기로 합니다.

일주일 뒤, 나투자 씨는 해당 채권의 가격이 950만 원에서 920만 원으로 떨어진 것을 확인합니다. 나투자 씨는 기다리길 잘했다고 생각하며 920만 원을 주고 채권을 구입합니다.

일주일 전과 비교해보면 나투자 씨는 동일한 채권을 30만 원이나 더 싸게 구입했지만 채권을 보유함으로써 앞으로 얻을 수 있는 현금흐름(①+②)은 동일합니다. 920만 원에 채권을 구입함으로써 950만 원에 구입했을 때보다 수익률이 그만큼 증가한 것이죠.

반대로 일주일 뒤에 가격이 오히려 970만 원으로 올랐다고 가정해보죠. 이 경우 나투자 씨는 20만 원이나 더 주고 해당 채권을 구입해야 합니다. 물론 앞으로 얻을 수 있는 현금흐름(①+②)은 다르지 않고요. 결과적으로 해당 채권을 구입함으로써 얻는 수익률이 낮아지는 것입니다.

이처럼 채권의 가격이 떨어지면 채권의 수익률은 올라가고, 반대로 채권의 가격이 오르면 채권 수익률은 떨어지는 관계를 확인할 수 있습니다. 즉 채권의 가격과 수익률은 서로 반대 방향으로 움직이는 것이죠.

앞에서 제가 채권 금리의 '금리'는 채권의 수익률을 의미한다고 말씀드렸죠? 그래서 우리는 똑같은 말을 이렇게도 표현할 수 있습니다. 채권의 가격이 떨어지면 채권 금리는 오르고, 반대로 채권의 가격이 오르면 채권 금리는 떨어진다고 말이죠.

채권의 금리와 가격이 반대 방향으로 움직이는 원리를 이해했으니, 다시 양적완화로 돌아가 보겠습니다.

양적완화 당시, 연준은 시장에서 채권을 대량으로 구입했습니다. 채권의 수요가 증가하자 채권의 가격도 올랐습니다. 이는 채권을 예전보다 더 비싸게 구입해야 한다는 뜻으로, 그 결과 채권 금리(수익률)는 떨어지게 된 것이죠.

위험 프리미엄 : 위험이 클수록 수익률도 크다

...

기본적으로 채권 금리는 해당 채권에 투자했을 때 원금에 대해 실제 얼마만큼의 수익을 얻을 수 있는지를 말해주는 지표입니다. 항상 투자자의 시각에서 바라보면 채권 금리의 결정 원리를 쉽게 이해할 수 있습니다.

예를 들어볼게요. 회사에서 연말 보너스를 받아 1,000만 원의 여유자금이 생긴 나투자 씨는 이 돈을 어디에 투자해야 하나 고민 중입니다. 뉴스에서는 계속 인플레이션이니 금리 인상이라는 말이 나오고 있고, 한국이나 미국 할 것 없이 주가지수는 계속 떨어지고 있습니다. 아무래도 주식투자는 불확실성이 너무 높은 것 같아서 나투자 씨는 상대적으로 안정적이라는 채권에 투자해보기로 합니다.

검색해보니 채권은 국고채권, 회사채, 통화안정증권처럼 종류가 다양할 뿐 아니라 만기도 1년이나 3년부터 시작해 심지어 30년, 50년짜리도 있네요. 뭐가 뭔지 몰라서 어리둥절하던 나투자 씨, 그런데 자세히 살펴보니 〈도표 10-3〉과 같이 채권 금리에는 규칙성이 있다는 것을 발견합니다. 일단 국채는 만기가 짧을수록 금리가 낮고, 만기가 길수록 금리가 올라

〈도표 10-3〉 **채권 금리 예시 (2022년 6월 2일 기준)**

종류	최종호가수익률 (단위 : %)
국고채권(1년)	2.181
국고채권(2년)	2.842
국고채권(3년)	3.125
국고채권(5년)	3.366
국고채권(10년)	3.421
회사채(무보증3년)AA−	3.897
회사채(무보증3년)BBB−	9.740

자료 : 금융투자협회 채권정보센터
주 : 회사채의 경우 신용평가기관이 신용등급을 평가하며 우리나라의 경우 AAA가 가장 우량한 등급이며 D가 가장 낮은 등급(부도)임. 이때 BBB− 이상을 투자등급으로, BB+ 이하를 투기등급으로 분류하지만, BBB+ 이하는 다시 비우량등급으로 간주함.

가네요. 그리고 만기가 똑같음에도 회사채 금리가 국채 금리보다 높은 것이 보입니다.

채권별 금리 차이는 기본적으로 미래에 발생할지 모르는 위험(risk)에 기반합니다. 당장 내일이나 일주일 뒤처럼 단기적인 미래에 발생할 일들은 비교적 쉽게 상상할 수 있지만, 10년 뒤처럼 먼 미래에 일어날 일들은 미리 그려보기가 쉽지 않습니다. 가령 3년 전까지만 해도 코로나 팬데믹이 전 세계를 강타할지 몰랐고, 불과 1년 전에는 러시아와 우크라이나 사이에 전쟁이 발발할지 몰랐던 것처럼 말이죠. 그렇다면 앞으로 10년 동안에는 또 어떤 예상하지 못한 일들이 벌어질까요?

투자도 마찬가지입니다. 몇 개월 또는 1년 뒤에 경제가 어떻게 될지 예측하는 것과 10년 뒤를 예측하는 것 중에 어떤 것이 더 어려울까요? 당연히 후자가 더 어렵겠죠? 그런데 지금 여러분은 여유자금을 채권에 투자하려고 합니다. 여러분의 선택지는 1년 만기 채권과 10년 만기 채권, 두 가지가 있습니다. 만약 두 채권의 수익률이 같다면 여러분은 어떤 것을 고르겠습니까?

당연히 1년 만기 채권을 고를 겁니다. 기본적으로 10년 만기 채권은 10년을 기다려야 액면가를 받을 수 있습니다. 앞으로 10년 동안 세상에 어떤 일이 벌어질지 모르는데, 내 여유자금을 10년 동안 채권에 묶어두는 것이죠. (물론 이표채라면 정기적으로 미리 정해진 만큼의 쿠폰을 받기는 합니다.) 반면 1년 만기 채권은 1년만 기다리면 액면가만큼의 돈을 받을 수 있고요.

이런 결론을 내린 것은 '두 채권의 수익률이 같다'는 전제 때문입니다. 투자 원금에 대한 수익은 같으면서 돈도 상대적으로 빨리 돌려받을 수 있는 1년 채권을 구입하는 게 당연히 유리하니까요. 그렇게 되면 10년 만기 채권은 아무도 사려고 하지 않겠군요. 그렇다면 10년 만기 채권을 팔아야 하는 사람은 어떻게 해야 할까요?

그렇죠, 가격을 깎아줘야 할 것입니다. 얼마나 깎아줘야 할까요? 사람들이 1년 만기 채권 대신 10년 만기 채권을 사려고할 때까지 충분히 깎아줘야 합니다.

채권 가격은 채권 수익률과 반대 방향으로 움직인다고 한 것 기억하시죠? 10년 만기 채권의 가격을 깎아준다는 것은, 곧 10년 만기 채권의 수익률을 올려준다는 것과 같은 의미입니다. 즉 사람들이 1년 만기 대신 10년 만기 채권을 선택할 수 있게끔, 10년 만기 채권을 구입함으로써 기대할 수 있는 수익률을 1년 만기 채권의 수익률보다 충분히 올려준다는 것이죠.

이와 같은 원리에 따라, 채권의 수익률(금리)은 일반적으로 만기 기간이 길어질수록 점점 올라가는 경향을 보입니다. 즉 단기 채권보다 장기 채권의 금리가 높은 것이죠.

회사채의 금리가 국채 금리보다 높은 것도 비슷한 이유입니다. 여러분이 채권에 투자한다는 것은 그 채권을 발행한 주체에게 돈을 빌려주는 것입니다. 그런데 여러분의 돈을 빌려간 채권 발행 주체가 갑자기 파산해버리면 어떻게 될까요? 안타깝게도 여러분은 채권에 기록된 상환일자에 빌려준 돈을 돌려받기 어렵습니다. 자, 이제 여러분이 국채와 회사채 가운데 하나를 선택하는 상황을 가정해보죠. 만기가 동일한 국채와 회사채가 있는데, 이번에도 두 채권의 수익률이 같다고 합니다. 뭘 고르시겠어요?

네, 당연히 국채를 고를 것입니다. 왜냐하면 정부가 파산할 확률보다 회사가 파산할 확률이 더 높으니까요. 즉 국채에 비해 회사채의 위험이 더 큽니다. 그러므로 사람들이 국채 대신 회사채를 구입하도록 하려면 회사채의 가격을 깎아줘야겠죠? 채권의 가격과 수익률은 서로 반대 방향으로 움직이므로, 회사채의 가격을 깎아준다는 것은 회사채의 수익률을 더 올려주는 것과 같습니다. 이러한 이유로 일반적으로 국채에 비해 회사채의 금리가 높은 것입니다. 또한 같은 회사채라도 해당 기업의 신용도에 따라 금리가 달라집니다. 신용등급이 낮은 기업이 발행한 채권은 시장에서 더 높은 수익률을 요구합니다.

이처럼 채권이 갖고 있는 위험 때문에 수익률이 높아지는 것을 위험 프리미엄(risk premium)이라 합니다. 위험은 채권 수익률에 영향을 미치는 대표적인 요인 중 하나랍니다. 위험이 커질수록 해당 채권을 판매하려면 더 높은 수익률을 제공해야 합니다.

채권 가격을 깎아서 이자를 주는 할인채

...

채권 수익률을 올려주는 것은 채권 가격을 깎아주는 것과 같은 이치라고 말씀드렸죠. 이렇게 채권의 가격을 깎아주는 것을 '할인(discount)'이라고 합니다. 그리고 현재 시장에서 거래되고 있는 채권의 가격이 이 채권을 보유함으로써 앞으로 기대할 수 있는 미래 현금흐름의 합보다 얼마나 낮은지를 측정하는 개념이 '할인율(discount rate)'입니다.

경제를 관통하는 이자율 개념의 큰 그림을 잡기 위해서는 할인율에 대해 잘 알고 있어야 합니다. 왜냐하면 할인율은 앞에서 계속 이야기한 채권의 수익률과 결국 같은 개념이기 때문입니다.

이 개념을 잘 이해할 수 있는 것이 할인채(zero coupon bond)

<도표 10-4> 할인채 예시

대한민국정부
제1종국민주택채권

일백만원

상환일: 2004년 7월 29일

매출일: 1999년 6월 29일

이 채권은 주택건설 촉진법에 의하여 발행한다.

재정경제부장관

1,000,000   1,000,000

입니다. '제로 쿠폰'이라는 영어 이름에서 알 수 있듯이 할인채는 쿠폰을 제공하지 않습니다. <도표 10-4>의 할인채 예시를 보면 앞서 살펴본 이표채와 달리 채권 표면에 '이자율'이라는 말이 나와 있지 않죠? 할인채의 표면 이자율은 0%이기 때문에, 해당 채권을 보유하고 있더라도 정기적으로 이자를 받을 수 없습니다.

이것만 보면 할인채를 갖고 있어도 이자를 받을 수 없다고 생각할 수 있는데요. 사실 할인채도 이자를 제공합니다. 이표

채와 방식이 다를 뿐이죠. 혹시 할인채가 어떻게 이자를 주는
지 아시겠어요? 힌트는 '할인'이라는 이름에 있습니다.

〈도표 10-4〉에 보이는 제1종국민주택채권은 액면가가 100
만 원입니다. 이 채권은 쿠폰을 주지 않기 때문에 표면 이자
율은 0%이지만, 현재 90만 원에 판매되고 있습니다. 만약 여
러분이 여유자금 90만 원으로 이 채권에 지금 투자하면, 1년
뒤에는 액면가인 100만 원을 받을 수 있습니다. 결과적으로
투자 원금 90만 원에 대한 수익률은 약 11% 정도가 되겠군
요. 이와 같이 할인채는 채권의 액면가보다 싸게 '할인'해서
판매함으로써, 채권을 구입한 사람에게 할인가만큼의 이
자를 지급하는 방식입니다. 할인을 많이 해줄수록 받을 수
있는 이자가 많아져서 수익률도 올라가겠죠?

그런데 이것 어디서 많이 본 것 같지 않나요? 은행의 예금
이자와 똑같습니다. 이자율이 11%인 1년 만기 정기예금에 90
만 원을 넣어두면 1년 뒤에 원금 90만 원과 이자 약 10만 원
을 합해 총 100만 원을 받을 수 있잖아요. 투자 원금을 기준
으로 보면 할인채와 정기예금은 동일하게 11%의 이자를 주
는 셈입니다. 즉 채권의 수익률과 예금의 이자율은 실질적으

로 같은 개념인 것이죠.

이렇게 할인채를 기준으로 보면 채권 수익률(yield to maturity)을 왜 채권 금리 또는 채권 이자율(interest rate)이라 부를 수 있는지 비교적 명확히 이해됩니다. (반면 이표채는 쿠폰 이자율의 존재 때문에 채권 금리라는 말에 혼동이 생겼죠.) 또한 채권의 할인율과 수익률은 동전의 양면과 같다는 사실도 알 수 있죠.

할인율은 굉장히 중요한 개념이지만 다소 어렵게 느끼시는 분들이 많습니다. 그래서 할인율의 개념을 조금 더 자세히 알아보는 코너를 준비했습니다. 나투자 씨의 예를 통해 할인율에 대해 최대한 쉽게 알려드릴 테니 겁먹지 마시고 천천히 따라와 보세요. (만약 읽다가 이해되지 않는 부분이 있으면, 그냥 건너뛰셔도 무방합니다.)

할인율의 개념

　나투자 씨는 액면가 1,000만 원이고 매년 액면가 대비 5%를 쿠폰(이자)으로 지급하는 5년 만기 국채를 구입하려고 합니다. 향후 5년 동안 나투자 씨가 이 채권을 통해 기대할 수 있는 현금흐름은 아래 그림과 같습니다.

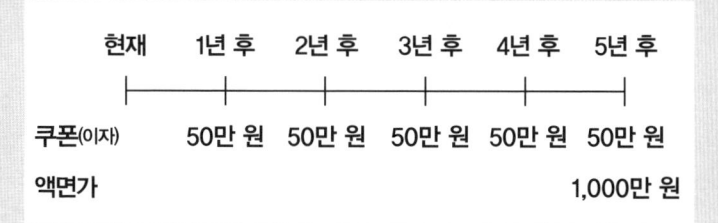

	현재	1년 후	2년 후	3년 후	4년 후	5년 후
쿠폰(이자)		50만 원	50만 원	50만 원	50만 원	50만 원
액면가						1,000만 원

여기서 중요한 것은 1년 뒤에 얻게 될 쿠폰 50만 원의 가치가 현재의 50만 원과 다르다는 것입니다. 왜 그럴까요? 예를 들어 현재 여러분의 지갑에 50만 원이 있다고 해보죠. 만약 이 50만 원을 3%의 이자를 주는 정기예금에 1년 동안 넣어둔다면, 아래의 계산을 거쳐 1년 뒤에는 원금과 이자를 합해서 51만 5,000원이 되어 있을 것입니다.

50만 원의 1년 뒤 미래가치=50만 원×(1+0.03)=515,000원

이처럼 1년 동안 50만 원을 통해 받을 수 있는 이자의 가치를 고려하면, 현재의 50만 원은 1년 뒤의 50만 원보다 1만 5,000원만큼 더 가치 있다고 할 수 있죠.

이것을 거꾸로 생각해볼 수 있습니다. 1년 뒤의 50만 원은 현재 시점 기준으로 얼마만큼의 가치가 있을까요? 이 질문은 얼마만큼의 돈을 3%의 이자를 주는 정기예금에 넣어둬야 1년 뒤에 50만 원을 받을 수 있을까 하는 의미이기도 합니다. 수식으로 표현하면 다음과 같습니다.

$$X원의\ 1년\ 뒤\ 미래가치 = X원 × (1+0.03) = 500,000원$$

　우리가 궁금한 것은 X원이기 때문에, 위의 식을 X원에 대해 정리해주기로 하죠. 고등학교 수학 시간에 배운 것처럼, 뒤에 있는 (1+0.03)을 우변으로 보내주면 다음과 같이 500,000원의 분모로 이동하게 됩니다.

$$X원 = \frac{500,000원}{(1+0.03)} = 485,436원$$

　계산 결과, X원은 485,436원으로 나왔습니다. 이 말은 여러분이 지금 은행에 가서 485,436원을 3%의 이자를 주는 예금에 넣어둘 경우 1년 뒤에 원금과 이자를 합해서 50만 원을 받을 수 있다는 의미입니다. 또한 1년 뒤의 50만 원은 현재 기준으로는 약 485,436원 정도의 가치를 가진다는 뜻이기도 하고요.

$$1년 뒤 50만 원의 현재가치 = \frac{50만 원}{(1+0.03)} = 485,436원$$

미래에 발생하는 현금흐름의 가치는 현재가치(present value)
보다 항상 낮은데요. 그래서 미래 현금흐름을 현재가치로 바
꿔주는 것을 할인(discount)이라 합니다. 그리고 미래의 현금을
현재가치로 바꿔주기 위해 우리가 사용한 3%의 은행 이자율
같은 것을 할인율(discount rate)이라고 합니다.

참고로 2년 뒤부터는 할인율에 제곱, 세제곱, 네제곱을 붙
여주게 되는데요. 쉽게 비유해 1년짜리 정기예금에 돈을 넣어
두고 매년 갱신할 때마다 똑같은 이자율을 적용받는다고 생
각하시면 됩니다. 가령 50만 원을 3% 이자를 주는 1년 정기
예금에 3년 동안 예치한다고 가정하면 다음과 같이 계산할
수 있습니다.

* 50만 원의 1년 뒤 미래가치=50만 원×(1+0.03)
* 50만 원의 2년 뒤 미래가치=50만 원×(1+0.03)×(1+0.03)=50
  만 원×$(1+0.03)^2$

* 50만 원의 3년 뒤 미래가치=50만 원×(1+0.03)×(1+0.03)×(1+0.03)=50만 원×$(1+0.03)^3$

이러한 할인의 개념을 바탕으로 나투자 씨가 구입하려고 하는 5년 만기 채권의 미래 현금흐름을 현재가치로 나타내보면 아래 그림과 같습니다.

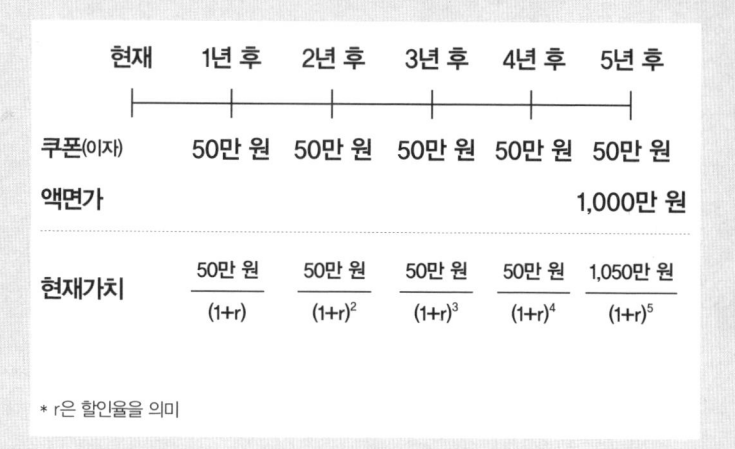

	현재	1년 후	2년 후	3년 후	4년 후	5년 후
쿠폰(이자)		50만 원	50만 원	50만 원	50만 원	50만 원
액면가						1,000만 원
현재가치		$\dfrac{50만 원}{(1+r)}$	$\dfrac{50만 원}{(1+r)^2}$	$\dfrac{50만 원}{(1+r)^3}$	$\dfrac{50만 원}{(1+r)^4}$	$\dfrac{1,050만 원}{(1+r)^5}$

* r은 할인율을 의미

매년 발생하는 이자와 만기 때 받게 되는 액면가의 현재가치를 다 더해주면 다음과 같은 수식으로 표현할 수 있습니다. 참고로 여기서 r은 미래 현금의 현재가치를 구해주기 위해 적용하는 할인율을 의미합니다.

5년 만기 채권의 현재가치

$$= \frac{50만\ 원}{(1+r)} + \frac{50만\ 원}{(1+r)^2} + \frac{50만\ 원}{(1+r)^3} + \frac{50만\ 원}{(1+r)^4} + \frac{1,050만\ 원}{(1+r)^5}$$

그런데 이렇게 표현하면 만기 기간이 긴 채권은 중간에 더하기(+)가 너무 많아져서 수식이 굉장히 길어지잖아요. 그래서 더하기 대신 시그마(Σ)를 사용해 다음과 같이 간단하게 표현해줄 수도 있습니다.

$$5년\ 만기\ 채권의\ 현재가치 = \sum_{t=1}^{5} \frac{t기의\ 현금흐름}{(1+할인율)^t}$$

이 상태에서 미래의 현금흐름은 동일한데 할인율이 올라가면 해당 채권의 현재가치는 어떻게 될까요? 우변의 분모에 할인율이 있는 것 보이시죠? 우변의 분모에 있는 수치가 올라가면 좌변의 값은 작아지잖아요. 즉 할인율이 올라가면 그만큼 할인이 많이 되기 때문에 현재가치는 떨어지는 것을 알 수 있습니다.

할인율의 개념이 잘 이해되셨나요? 그럼 이제 할인율이 있는 자리에 수익률을 한번 집어넣어 보죠. 방금 도출했던 5년 만기 채권의 현재가치 수식은 다음과 같이 표현할 수도 있답니다.

$$\text{5년 만기 채권의 현재 가격} = \sum_{t=1}^{5} \frac{t\text{기의 현금흐름}}{(1+\text{수익률})^t}$$

수식 왼쪽에 채권의 가격이 있고, 오른쪽 분모에는 수익률이 있는 것 보이세요? 뭘 알 수 있나요? 네, 그렇습니다. 앞에서 제가 여러 차례 반복해서 말씀드렸던 내용, 즉 채권의 수익률과 채권 가격이 반대 방향으로 움직이는 이유를 수학식으로는 이렇게 표현할 수 있는 것입니다.

이제 확실히 이해되셨죠?

채권의 금리가 올라가면, 채권의 가격은 떨어집니다.

CHAPTER 11

인플레이션 Ⅱ

"인플레이션이 주식과 채권에
미치는 영향은?"

이번 장은 앞에서 다룬 내용들을 간단하게 복습한 뒤에 시작하겠습니다.

먼저 이자율입니다. 우리는 명목이자율과 실질이자율의 관계를 다뤘습니다. 피셔의 방정식을 적용하면 다음과 같았죠.

> **명목이자율=실질이자율+인플레이션율**

이 등식에 따르면, 실질이자율이 그대로인 상태에서 인플레이션율이 올라가면 명목이자율도 따라서 오르게 됩니다. 그런데 여기서 우리는 인플레이션율을 다음과 같이 '기대 인플레이션율'로 바꿔줄 수도 있습니다.[1]

> **명목이자율=실질이자율+기대 인플레이션율**

---

1 Mankiw, N. Gregory. Op. cit. p. 115.

즉 실질이자율이 일정해도 사람들이 앞으로 인플레이션 율이 올라갈 거라 예상하면 명목이자율이 오른다는 의미 입니다.[2]

그다음은 통화정책입니다. 인플레이션 압력이 커지면 중앙은행은 기준금리를 올리게 됩니다. 기준금리가 올라가면, 금융 시장의 단기 금리들도 연쇄적으로 영향을 받습니다.

여러분에게 여유자금이 생겨 투자 결정을 해야 한다고 가정해보죠. 아마도 여러분은 가장 먼저 은행에 그냥 저축했을 때 받는 이자율과 다른 곳에 투자했을 때 기대할 수 있는 수익률을 비교할 것입니다. 만약 이자율이 계속 오른다면 여러분은 위험이 따르는 투자보다는 은행에 돈을 넣어두고 안정적으로 이자 받는 쪽을 선호하게 될 것입니다. 그 결과, 시장의 투자 수요는 점차 감소하게 되고요.

간단하게 복습을 마쳤으니, 이제 인플레이션과 이자율 그리고 통화정책을 차례대로 연결해보도록 하겠습니다.

---

2 Federal Reserve Bank of San Francisco, "How would a change in inflationary expectations affect nominal interest rates and the yield curve?", August 2004.

통화량이 증가하면 인플레이션 압력이 증가

...

통화량은 크게 M1(협의통화)과 M2(광의통화)로 구분됩니다. M1은 현금에 요구불예금(체크카드와 연결된 예금)처럼 언제든지 현금화할 수 있는 예금을 포함합니다. M2는 M1을 비롯해 정기예금, 적금 등 이자의 일부를 포기하면 현금화할 수 있는 상품들까지 포함된 통화량을 의미합니다.[3]

〈도표 11-1〉은 우리나라 통화량의 변화를 보여줍니다. 2019년 이후에 통화량이 급격히 증가하는 게 보이시죠? 이것이 인플레이션율에 어떤 영향을 미쳤을까요?

〈도표 11-2〉는 최근 3년간의 소비자물가상승률을 보여줍니다. 여기서 전월비는 지난달과 비교한 이번 달의 물가수준 등락률을, 전년동월비는 전년도 같은 달과 비교한 이번 달의 물가수준 등락률을 의미합니다. 참고로 소비자물가는 계절에 따라 달라질 수 있어요. 소비자들이 더운 여름과 추운 겨울에 구매하는 패턴이 각각 다르기 때문이죠. 계절의 변화가 소비자물가지수 산출에 미치는 영향을 최소화하기 위해 일반적

---

3 한국은행, 《우리나라의 통화지표 해설》(서울:한국은행, 2008).

〈도표 11-1〉 **대한민국 통화량 (1986~2021년)**　　　　　　　(단위 : 조원)

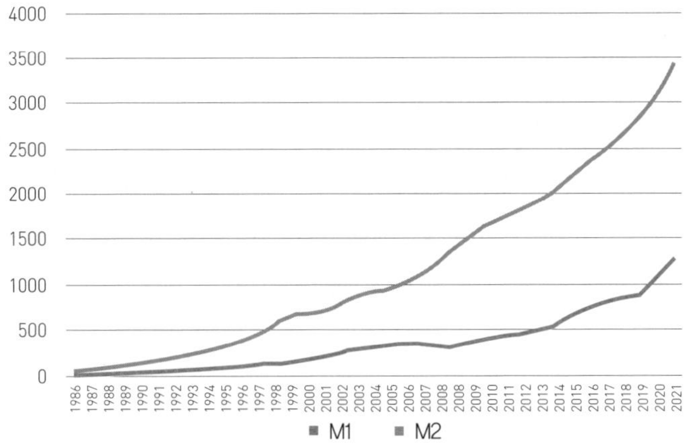

자료 : 한국은행 경제통계시스템

으로 전년동월비 물가상승률을 사용한답니다.

　그래프를 보면 코로나19 발생 초기인 2020년에는 전년동
월비 소비자물가상승률이 높지 않습니다. 그러다 물가상승률
이 올라가는 게 보이죠. 이렇게 인플레이션율이 증가하면 통
화가치는 하락합니다. 얼마 전까지 1만 8,000원으로 먹을 수
있던 프라이드치킨 가격이 2만 원으로 10% 정도 올랐다면,
그만큼 화폐가치가 떨어진 것으로 생각할 수 있습니다.

<도표 11-2> 대한민국 소비자물가상승률 (2019년 8월 ~ 2022년 5월)

(단위 : %)

6.0

5.0

4.0

3.0

2.0

1.0

0.0

-1.0

2019/08 2019/09 2019/10 2019/11 2019/12 2020/01 2020/02 2020/03 2020/04 2020/05 2020/06 2020/07 2020/08 2020/09 2020/10 2020/11 2020/12 2021/01 2021/02 2021/03 2021/04 2021/05 2021/06 2021/07 2021/08 2021/09 2021/10 2021/11 2021/12 2022/01 2022/02 2022/03 2022/04 2022/05

■ 전월비   ■ 전년동월비

자료 : 통계청

물가가 오르면 중앙은행은 기준금리 인상

...

물가가 오르는 것을 중앙은행이 구경만 하고 있지는 않겠죠. 중앙은행은 자신이 발행한 화폐의 가치를 안정적으로 유지할 의무가 있으니까요. 급격히 올라가는 물가에 대응하기 위해 중앙은행이 팔을 걷어붙입니다.

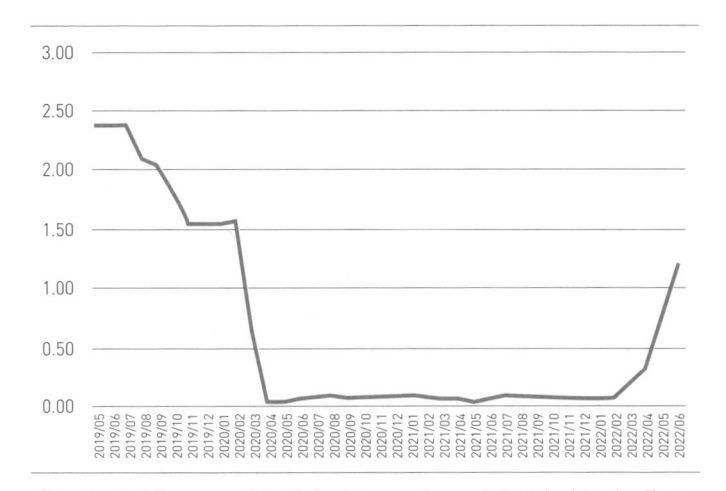

자료 : Board of Governors of the Federal Reserve System (US), Federal Funds Effective Rate [FEDFUNDS], retrieved from FRED, Federal Reserve Bank of St. Louis; https://fred. stlouisfed. org/series/FEDFUNDS, July 29, 2022.

　〈도표 11-3〉은 미국 연방기금실효금리의 추이를 보여줍니다. 2022년 3월 이후 계속 금리가 상승하는 게 보이시죠? 6장에서 말씀드린 것처럼 기준금리 변화가 실제로 효과를 내기까지는 상당한 시간이 소요되기 때문에, 물가의 고삐를 제때 잡으려면 선제적이고 과감한 금리 인상이 중요합니다. 연준이 2022년 6월과 7월 두 달 연속으로 기준금리를 무려

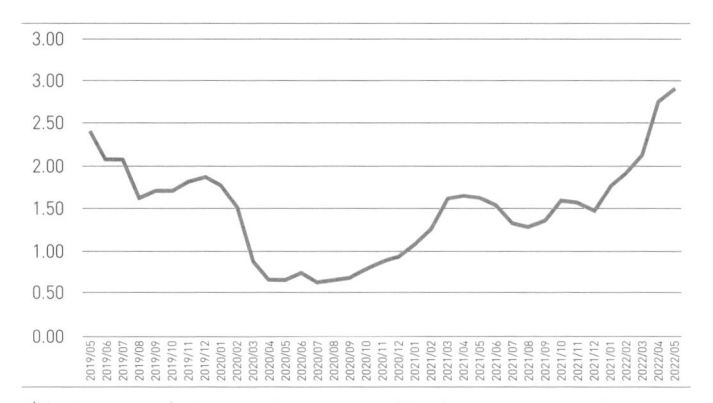

〈도표 11-4〉 미국 10년 만기 국채 수익률 (2019년 5월~2022년 5월)

(단위 : %)

자료 : Organization for Economic Co-operation and Development, Long-Term Government
Bond Yields: 10-year: Main (Including Benchmark) for the United States [IRLTLT01USM156N],
retrieved from FRED, Federal Reserve Bank of St. Louis; https://fred. stlouisfed. org/series/
IRLTLT01USM156N, July 1, 2022.

0.75%포인트씩 올린 것은 이런 이유 때문입니다.

그런데 연준이 기준금리를 올리자 〈도표 11-4〉 및 〈도표
11-5〉와 같이 미국의 채권 수익률은 올라가고, 반대로 주가지
수는 떨어지는 게 보이시죠? 인플레이션으로 촉발된 중앙은
행의 기준금리 인상은 어떤 과정을 거쳐 주식 가격과 채권 금
리에 영향을 미치는 것일까요? 이것이 이번 챕터의 핵심 질문
입니다.

〈도표 11-5〉 미국 다우존스 산업평균지수 (2022년 1~6월)

자료 : S&P Dow Jones Indices LLC, Dow Jones Industrial Average [DJIA], retrieved from FRED, Federal Reserve Bank of St. Louis; https://fred. stlouisfed. org/series/DJIA, July 1, 2022.

인플레이션이 채권 수익률에 미치는 영향

...

　앞에서 복습한 피셔의 방정식에 따르면, 사람들의 기대 인플레이션율이 올라가면 명목이자율도 같이 오릅니다. 또한 인플레이션에 대응하기 위해 중앙은행이 기준금리를 올리는 것도 시중의 이자율을 올리는 요인이고요. 이렇게 인플레이션으로 인해 이자율이 오르면 투자자들은 자연스럽게 채권에도 더 높은 수익률을 기대하게 됩니다.

채권의 수익률 구조는 크게 기준금리와 스프레드(spread), 이렇게 두 부분으로 나뉩니다. 중앙은행이 기준금리를 올리면 시장에 유통되는 채권의 수익률도 모두 그만큼 올라가는데, 이것이 채권 수익률의 기준금리 파트입니다.

반면 채권의 스프레드 파트는 각 채권들의 만기기간(3년, 5년, 10년 등)과 신용도에 따라 추가적으로 제공해야 하는 수익률을 의미합니다. 만약 인플레이션으로 중앙은행이 기준금리를 올려 투자가 얼어붙고 경기가 침체된다면 시장에는 채권을 발행한 주체들이 돈을 갚지 못할 수도 있다는 불안감이 커질 것입니다. 이러한 위험을 보상하기 위해 기준금리 상승분에 추가로 채권의 스프레드가 올라가게 됩니다. 그 결과 채권의 수익률이 올라가는 것이죠.

채권 수익률과 채권의 가격은 반대 방향으로 움직인다고 했던 것 기억하시죠? 금리가 올라가면 채권의 수익률도 더 높게 보장해줘야 하고, 결과적으로 채권 가격을 깎아주는 효과가 나타납니다. 이렇게 채권의 가격을 깎아주는 것을 '할인'이라고 했죠.

정리해보면 다음과 같습니다.

인플레이션 압력 → 기준금리 인상 → 채권 금리(=채권 수익률=채권 할인율) 상승 → 채권 가격 하락

인플레이션이 주식 가격에 미치는 영향

...

이제 인플레이션과 주식 가격의 관계로 넘어가 볼까요?

인플레이션으로 금리가 상승하는 상황에서 주식 가격이 하락하는 것도 채권과 유사한 논리를 통해 설명할 수 있습니다. 왜냐하면 주식도 채권처럼 미래에 기대되는 현금흐름의 합을 수익률로 할인해주는 방법으로 가격을 매길 수 있기 때문입니다.

나투자 씨는 A라는 기업의 주식을 매수할까 고민 중입니다. A기업의 주식은 매년 주주들에게 배당금을 주는 이른바 '배당주'입니다. 이 주식을 사면 앞으로 매년 5만 원을 배당금으로 받을 수 있는데요. 나투자 씨는 일단 A기업의 현재 주가가 적절한 수준인지부터 판단해보기로 합니다.

나투자 씨는 A주식의 구조가 채권과 유사하다는 사실을

발견합니다. 가만히 보니 이 주식을 매수함으로써 앞으로 매년 받게 될 배당금이 채권을 구입했을 때 매년 받게 되는 쿠폰(이자)과 비슷해 보였기 때문이죠. 차이가 있다면 채권은 만기가 있는 반면 주식은 정해진 만기가 없다는 것입니다. 그래서 나투자 씨는 해당 주식이 무한대의 시간 동안 계속 쿠폰을 지급하는 채권이라고 가정한 뒤, 해당 주식의 현재가치를 다음과 같이 계산해보기로 합니다.

$$\text{배당주의 현재가치} = \sum_{t=1}^{\infty} \frac{t\text{기의 배당금}}{(1+\text{할인율})^t}$$

어떤가요? 앞에서 살펴본 채권의 현재가치 계산식과 시간이 무한대(∞)로 늘어난 것만 빼고는 똑같죠? 이 식에서 주식의 현재가치와 할인율이 서로 역관계인 것 보이시나요? 즉 할인율이 올라가면 주식의 현재가치가 떨어지고, 반대로 할인율이 떨어지면 주식의 현재가치는 올라갑니다.

이때 중요한 포인트는 금리가 오르면 채권처럼 주식의 할인율도 올라간다는 것입니다. 왜 그럴까요?

금리가 오르면 여러분이 은행에 여유자금을 예금하면서 받을 수 있는 수익률도 따라서 올라갑니다. 반면 주식은 은행 예금과 달리 가격의 변동성이 높습니다. 만약 가격 하락의 위험이 도사리고 있는 주식에 투자하지 않고도 안전한 은행 예금을 통해 충분한 이자를 받을 수 있다면, 여러분은 굳이 주식에 투자할 필요가 없겠죠.

이처럼 금리가 상승하는 상황에서, 주식시장에 투자자들을 끌어모으기 위해서는 투자의 위험을 상쇄할 만큼 주식의 가격을 충분히 할인해줘야 합니다. 즉 금리가 높아지면 주식의 현재가치 계산을 위한 할인율을 높이는 효과가 나타납니다. 이렇게 할인율이 높아지면 그만큼 주식 가격은 떨어지는 것이고요.

참고로 가치투자로 유명한 워런 버핏이 기업의 내재가치를 구할 때 쓰는 방법도 이와 유사합니다. 버핏이 말하는 가치투자의 기본 개념은 기업의 주식 가격은 그 기업의 내재가치에 장기적으로 수렴한다는 것입니다. 만약 현재 어떤 기업의 주식 가격이 내재가치보다 낮다면 그 기업의 주식을 매수한 뒤 가격이 내재가치에 도달할 때까지 기다리는 것이 그의 투자

원칙이죠.[4]

앞에서 우리는 주식의 현재가치를 계산할 때 미래의 현금흐름을 앞으로 받게 될 배당금의 합으로 계산한 뒤, 이것을 금리로 할인해주었습니다. 워런 버핏이 사용하는 내재가치 계산법의 경우, 배당금 대신 해당 기업이 경영활동을 통해 앞으로 만들어낼 현금으로 미래의 현금흐름을 계산한 뒤 이것을 장기 채권의 수익률로 할인해줍니다.

예를 들어 장기 국채 수익률이 오르면 주식에 투자금을 오래 묻어두는 것에 대한 기회비용도 따라서 증가하겠죠? 이를 반영해 기업의 내재가치를 계산한다면, 장기 국채 수익률의 상승은 곧 주식 할인율의 상승으로 이어지게 됩니다. 어떤 기업이 미래에 창출할 것으로 예상되는 현금흐름이 동일하더라도, 할인율 상승은 기업의 내재가치를 떨어뜨리는 결과로 이어집니다.

앞에서 말씀드린 것처럼 기본적으로 시장에 유통되는 돈은 조금이라도 수익이 높은 곳을 찾아가는 속성이 있습니다. 이 때문에 시장에서 거래되는 많은 자산은 투자자들을 더 유

---

4 대니얼 피컷, 코리 렌, 《워런 버핏 라이브》, 이건 편역. (서울:에프엔미디어, 2019).

치하기 위해 서로 경쟁할 수밖에 없죠. 이때 기준이 되는 것이 각 자산의 수익률입니다. 어떤 자산의 현재가치를 계산할 때는 기회비용 관점에서 다른 자산에 투자했을 때 받을 수 있는 수익률을 사용해서 할인해주는 것이 핵심입니다.

한편 인플레이션은 할인율뿐 아니라 기업의 미래 현금흐름을 감소시킴으로써 주식 가격의 하락을 불러올 수도 있습니다. 앞서 통화정책을 설명하며 살펴본 것처럼 인플레이션 압력에 대응하기 위해 중앙은행이 급격히 기준금리를 올리면 투자가 감소하고 경제는 점점 위축됩니다. 경제가 위축되면 사람들은 소비를 줄이고, 기업 매출도 줄어듭니다. 결과적으로 기업의 미래 현금흐름을 감소시켜 기업의 내재가치를 떨어뜨리게 되는 것이죠.

물론 주식 가격은 수많은 요인들의 영향을 받기 때문에, 단순히 금리가 상승하여 할인율이 높아졌다는 것만으로 주식 가격의 하락을 온전히 설명할 수는 없습니다. 다만 거시경제 관점에서 이자율과 인플레이션이 주식 시장에 어떻게 영향을 줄 수 있는지에 대한 큰 그림은 머릿속에 기억해둘 필요가 있습니다.

요약하자면, 인플레이션이 오면 금리가 오르고요, 금리 상승은 투자자들로 하여금 채권과 주식이라는 금융 상품에 더 높은 수익률을 기대하게 만듭니다. 수익률과 할인율은 같은 개념이므로, 결국 금리의 상승은 할인율을 높여 채권과 주식의 현재 가격을 떨어뜨리는 것이죠.

이때 위험한 자산은 안전한 자산에 비해 더 높은 수익률을 보장해줘야 합니다. 이처럼 각 자산의 수익률은 저마다 위험에 대한 대가, 즉 프리미엄을 반영합니다. 미래에 대한 불확실성이 큰 기업에는 더 높은 위험 프리미엄이 붙기 때문에 할인율이 더 올라가고, 그 결과 가격은 더 큰 폭으로 떨어집니다.

CHAPTER 12

GDP II

"지속적인 경제성장을 위해
필요한 것은?"

어느덧 마지막 장입니다. 돌고 돌아 다시 GDP로 돌아왔네요.

단기적으로 경제는 호황과 불황이 반복되며 GDP도 오르락내리락을 거듭합니다. 그런데 신기하게도 시계열을 길게 늘여보면 단기적인 등락은 온데간데없고 하나의 긴 물줄기 같은 것만 눈에 들어옵니다. 이처럼 장기적인 시각에서 한 나라의 GDP를 바라보면, 여러 세대를 거치며 차곡차곡 쌓아온 이야기를 그 안에서 발견할 수 있습니다. 예를 들면 저는 〈도표 12-1〉처럼 시간의 흐름을 따라 쭉쭉 올라가는 우리나라의 1인당 GDP 그래프를 보고 있으면 조부모님과 부모님 세대의 노력 덕분에 현재 우리가 풍요를 누리며 살고 있음에 마음으로 감사하게 됩니다.

장기적인 GDP 성장에 대한 이야기를 이어가기 전에, 앞에서 다룬 솔로우 모형을 잠깐 복습해볼까요?

솔로우 모형에 따르면 한 나라의 1인당 GDP는 1인당 자본

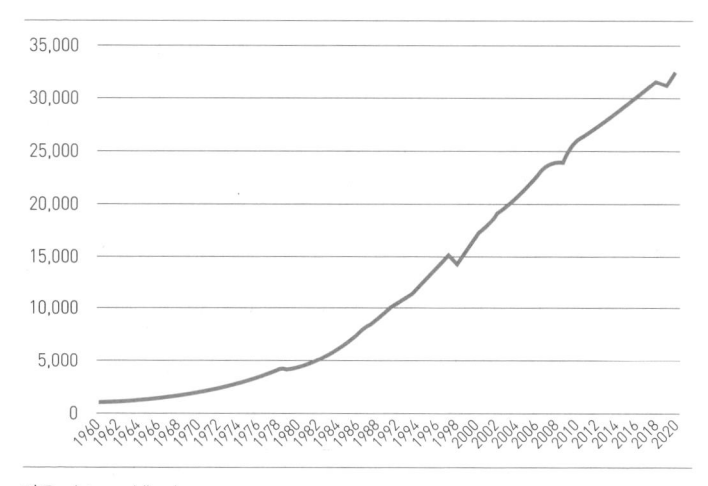

〈도표 12–1〉 대한민국의 1인당 GDP (1960~2020년)　　　　(단위 : 달러)

자료 : data.worldbank.org
주 : 2015년 미국 달러 기준으로 계산한 결과.

축적량의 영향을 받습니다. 이때 자본 축적량을 결정하는 것
은 사람들의 저축률이었습니다. 가령 사람들이 소비와 저축
이라는 두 가지 선택지 가운데 현재의 소비를 포기하고 미래
를 위해 저축한다면, 그 나라의 전반적인 저축률은 증가하게
되겠죠.

　하지만 이러한 설명방식은 막상 현실세계의 지속적인 경제
성장을 설명하는 데에는 한계가 있습니다. 왜냐하면 자본 축

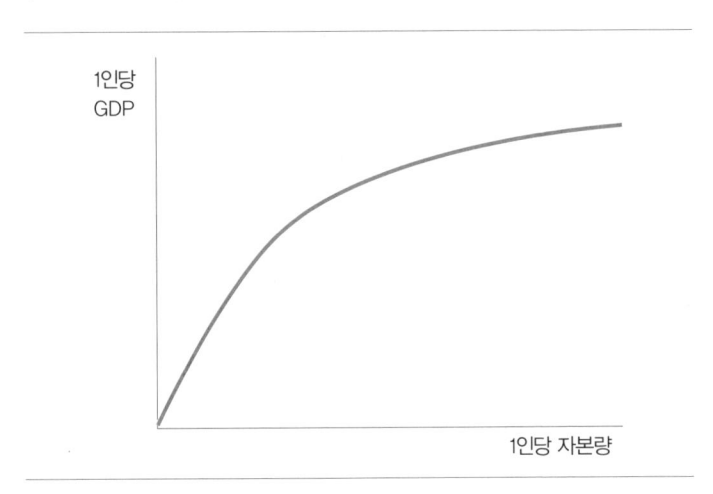

적을 통한 GDP의 증가, 곧 경제성장은 어느 시점에 가면 점점 증가율이 둔화되기 때문입니다. 그림으로 표시하면 〈도표 12-2〉와 같은데요. 1인당 자본 축적량이 증가함에 따라 경제성장 초반에는 1인당 GDP도 급격히 증가하다가 점점 증가율이 완만해집니다. (수학적으로 말하면, 곡선에 접하는 선의 기울기가 점점 감소합니다.)

저축이 언제까지 성장을 가능하게 할까?

...

자본 축적을 통한 GDP 증가가 시간이 갈수록 둔화되는 현상의 바탕에는 '한계(marginal)'라는 개념이 있습니다. 한계는 현대경제학의 근간이 되는 아주 중요한 개념입니다. 용어가 좀 어려워 보이지만, 알고 보면 여러분은 이미 일상생활에서 이 개념을 사용하고 있답니다.

예를 들어볼까요. 무더운 여름날 저녁, 오치맥 씨는 친구들과 한강에서 달리기를 한 뒤에 근처에 있는 맥줏집으로 들어갑니다. 습도가 높아 땀을 너무 많이 흘린 오치맥 씨는 지금 심한 갈증을 느끼고 있습니다. 잠시 후, 냉동맥주잔에 담긴 생맥주 500ml가 오치맥 씨 앞에 놓입니다. 친구들과 건배한 뒤 맥주를 한 번에 쭉 들이켜는 그 순간, 오치맥 씨는 마치 세상을 다 가진 것처럼 행복합니다.

첫잔을 원샷으로 끝내버린 오치맥 씨는 바로 두 번째 잔을 주문합니다. 두 번째 잔도 첫 번째처럼 얼린 맥주잔에 담겨 나왔기 때문에 시원함은 그대로였지만, 첫 번째 잔만큼 맛있게 느껴지지는 않습니다.

친구들과 치킨을 먹으며 두 번째 잔을 다 마신 뒤, 오치맥 씨는 세 번째 잔을 주문합니다. 이번에도 똑같은 잔에 똑같은 맥주가 나왔는데, 두 번째 잔보다 왠지 맛이 없는 것 같죠?

치킨도 많이 먹었고, 맥주도 많이 마셔 이미 배가 빵빵해진 오치맥 씨는 마지막으로 딱 한 잔만 더 하자는 친구의 권유에 마지못해 네 번째 맥주를 주문합니다. 시원한 얼음잔에 담겨 서빙된 네 번째 잔을 한 모금 마신 오치맥 씨는 갑자기 속이 매슥거리는 것 같습니다.

이와 같이 어떤 것을 한 단위 추가함에 따라 가치가 얼마나 변화하는지를 판단하는 것이 바로 '한계'의 개념입니다. 예를 들어 여러분이 도서관에서 이미 5시간이나 공부한 뒤, 추가로 한 시간 더 공부하는 것이 나에게 도움이 될까 고민하는 것도 한계적 접근이고요. 직원을 한 명 더 채용하는 것이 회사에 도움이 될까 고민하는 사업가도 한계적 접근을 하는 중입니다. 또한 기존에 삼성전자 주식을 보유한 투자자가 삼성전자 주식을 한 주 더 매수하는 것이 어떤 이득일지 고민하는 것도 한계적 접근입니다. 이렇게 무언가를 '한 단위' 추가했을 때 발생하는 변화의 정도를 기준으로 의사결정을 한다면 여러분도 이미 한계적 개념을 몸에 익히고 계신 것입니다.

〈도표 12-3〉 한계효용 체감의 법칙 예시

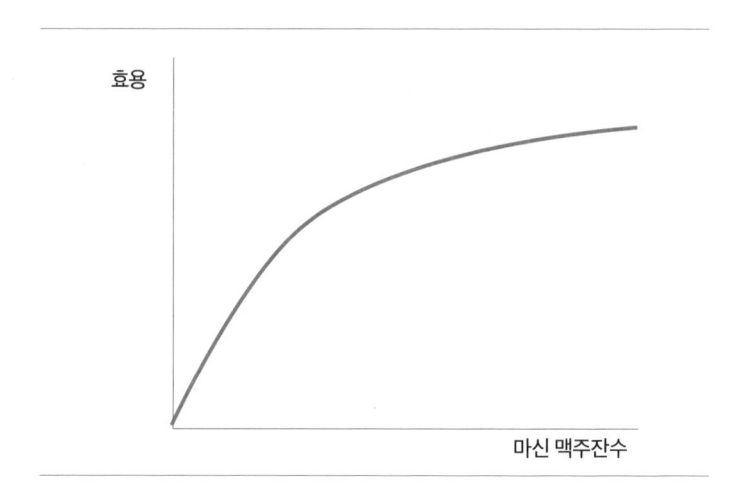

앞에서 살펴본 오치맥 씨의 사례에서 맥주를 한 잔씩 추가하면서 느끼는 행복감의 변화 정도를 경제학에서는 한계효용(marginal utility)이라 합니다. 마시는 맥주가 한 잔 늘어날 때마다 오치맥 씨가 추가로 느끼는 행복감은 〈도표 12-3〉과 같이 점점 줄었습니다. 이처럼 한계효용이 점점 줄어드는 것을 경제학에서는 아시는 바와 같이 '한계효용 체감의 법칙'이라 부릅니다.

경제성장을 무디게 하는 한계 생산물 체감

...

비슷한 논리를 솔로우 모형에도 적용할 수 있습니다. 한 명의 바리스타가 커피를 만드는 카페를 생각해보죠. 커피를 일일이 직접 내리면 맛은 있지만 아무래도 시간이 많이 소요됩니다. 특히 점심시간처럼 손님이 몰릴 때는 커피 만드는 시간이 너무 오래 걸려서 발걸음을 돌리는 고객도 생기게 됩니다. 이때 에스프레소 머신을 들여놓는다면 커피 만드는 시간이 획기적으로 줄어들겠죠. 버튼 하나만 누르면 몇 초 만에 커피가 추출되니까요.

여기서 에스프레소 머신을 솔로우 생산함수의 '자본'으로, 에스프레소 머신이 만드는 커피를 'GDP'로 생각할 수 있습니다. 에스프레소 머신을 추가하면 커피 생산량이 대폭 증가할 것입니다. 그런데 카페의 노동량은 바리스타 한 명으로 고정한 채 커피머신만 계속 늘려간다면 어떻게 될까요? 혼자 분주하게 움직이다 방금 어느 기계의 버튼을 눌렀는지 헷갈릴 수도 있고요, 기계에 커피 원두를 제때 채우지 못하는 경우도 발생하게 될 것입니다.

이와 같이 커피머신을 하나씩 추가할 때마다 변화하는 커피 생산량을 자본(에스프레소 머신)의 한계 생산물(marginal product)이라 부릅니다. 앞의 사례에서 본 것처럼 처음에는 자본량이 1단위 증가함에 따라 한계 생산물도 대폭 증가할 것입니다. 그러나 한 사람이 감당해야 할 자본량이 점점 늘어나면서 작업의 비효율이 발생해 추가적인 자본이 만들어내는 한계 생산물도 조금씩 감소하게 됩니다.

이것을 경제학에서는 한계 생산물 체감(diminishing marginal product)이라 하는데요. 솔로우 모형에서 1인당 자본량이 증가할 경우 처음에는 1인당 GDP가 급격히 증가하다가 점점 증가 속도가 줄어드는 이유 또한 이 때문입니다. 즉 열심히 저축해서 자본량을 늘리면 처음에는 경제성장 효과가 뚜렷하지만, 갈수록 성장률에 대한 기여도가 떨어진다는 의미입니다. 1인당 GDP가 낮았던 개발도상국이 초반에 집중적인 자본 투자를 통해 급속하게 성장률이 올라갔다가 어느 시점부터는 정체되는 경우가 생긴다는 것이죠.

한계 생산물 체감을 극복하는 로머 모형

...

그렇다면 한 나라의 경제가 한계 생산물 체감이라는 장벽을 뛰어넘어 꾸준히 성장하려면 어떻게 해야 할까요? 잠깐 시간을 드릴 테니, 직접 한번 생각해보시죠.

한계 생산물 체감을 극복하고 지속적인 경제성장을 꾀하는 여러 가지 이론적 설명 가운데 제가 소개해드릴 것은 로머 모형입니다. 2018년에 노벨 경제학상을 수상한 폴 로머(Paul Romer)가 만든 경제성장 모형으로, 핵심은 바로 '아이디어(idea)'입니다. 새로운 아이디어를 생산에 활용함으로써 한계 생산물 체감을 극복할 수 있다는 것이죠.[1]

솔로우 모형의 생산요소인 자본과 노동은 수량이 유한하기 때문에 누군가가 그것을 사용하면 다른 사람은 사용하지 못하게 됩니다. 반면 로머 모형의 주요 생산요소인 '아이디어'는 수량의 제한이 없고, 다른 사람이 사용한다 해서 총량이 변화하지도 않습니다. 여러분이 지금 이 책을 읽으면서 경제에 대

---

1 Romer, Paul M. "Increasing Returns and Long-Run Growth," *Journal of Political Economy* 94 (1986): 1002-1037.

한 지식을 흡수한다고 해서 다른 사람이 이용할 수 있는 경제 지식의 양이 줄어들지 않는 것처럼요. 아이디어가 기존의 생산요소와 차별화되는 부분입니다.

갤럭시나 아이폰 같은 스마트폰은 매년 새로운 모델이 출시되죠. 신제품을 개발할 때 떠올린 아이디어들은 해당 제품을 생산하는 전 세계 모든 공장에 똑같이 적용됩니다. 한국에 있는 공장에서 그 아이디어를 사용한다고 해서, 중국에 있는 공장이 이용할 수 있는 아이디어의 양이 줄어드는 게 아니에요. 이처럼 아이디어는 생산 공정의 모든 노동과 자본에 균등하게 이용되고, 새로운 아이디어가 만들어내는 한계 생산물은 체감하지 않습니다.

이런 식으로 새로운 아이디어를 끊임없이 만들어낸다면 한 나라의 경제는 지속적으로 성장할 수 있습니다. 말하자면 전 세계의 수많은 기업과 대학 연구소에서 창출하는 아이디어와 지식이야말로 지속적인 경제성장의 핵심 동력인 것이죠.

그렇다면 아이디어는 어떻게 증가시킬 수 있을까요?

가장 먼저 생각해볼 수 있는 것은 지식재산권 보호입니다. 오랜 시간 열심히 노력해서 기존의 문제점을 혁신적으로 해결할 수 있는 신기술을 개발했는데, 누군가가 그 아이디어를 아무렇지 않게 훔쳐간다면 어떻게 될까요? 기술 개발자는 크게 낙담해 다시는 공들여 연구하지 않겠죠. 이와 같이 한 나라의 지식재산권이 보호되지 않으면, 새로운 아이디어를 만들어낼 동기부여가 되지 않아 결과적으로 지속적인 경제성장도 어려워질 것입니다. 따라서 특허, 저작권, 실용신안권 등의 지식재산권을 통해 새로운 아이디어를 법적으로 보호해야 합니다.

지속적인 성장의 열쇠

...

또 하나 생각해볼 수 있는 것은 인적자본(human capital) 향상입니다. 인적자본은 노동(labor)과 구별되는 개념으로 이해하면 좋습니다. 기존의 생산함수에서 노동은 단순히 양을 기준으로 했습니다. 즉 몇 명의 노동자가 있는지가 중요할 뿐, 노동자 개인의 능력은 그다지 고려하지 않았습니다. 반면 인적자본은 각각의 사람이 가진 역량에 주목합니다. 같은 시간 동안 같은 업무를 하더라도 저마다의 역량에 따라 효율성이나 생산성이 달라지기 때문이죠. 어떤 사람은 많은 시간을 들여

손으로 하나하나 처리하는 일을 누군가는 컴퓨터 프로그래밍으로 단시간에 끝낼 수 있으니까요.

이처럼 인적자본은 양 중심의 노동 개념에 능력이나 지식 등 질적인 부분을 추가한 것이라 생각하시면 됩니다. 인적자본이 증가할수록 같은 시간에 더 많은 생산을 할 수 있고, 더 많은 아이디어를 만들어낼 수 있습니다.

물론 인적자본은 저절로 만들어지지 않습니다. 양질의 교육을 통해 길러지는 것이죠.[2] 예를 들어 미국은 세계 최고 수준의 연구중심 대학을 많이 보유하고 있습니다. 그곳에서 공부하기 위해 전 세계에서 우수한 학생들이 몰려듭니다. 이곳에서 학생들은 수준 높은 연구를 수행하며 훌륭한 인재로 성장합니다. 학위 과정을 마친 이들은 미국의 기업이나 연구소에 취직해 자신이 배운 지식을 기반으로 새로운 아이디어를 만들어냅니다. 미국이 오늘날과 같은 초강대국이 될 수 있었던 비결 가운데 하나는 국적을 불문하고 우수한 인재를 받아들여 인적자본을 육성한 대학 시스템이 아닐까 싶습니다.

---

2   Lucas, Robert E., Jr. "Making a Miracle," *Econometrica* 61.2 (1993): 251–272.

〈도표 12-4〉 미래 대한민국의 1인당 GDP는?

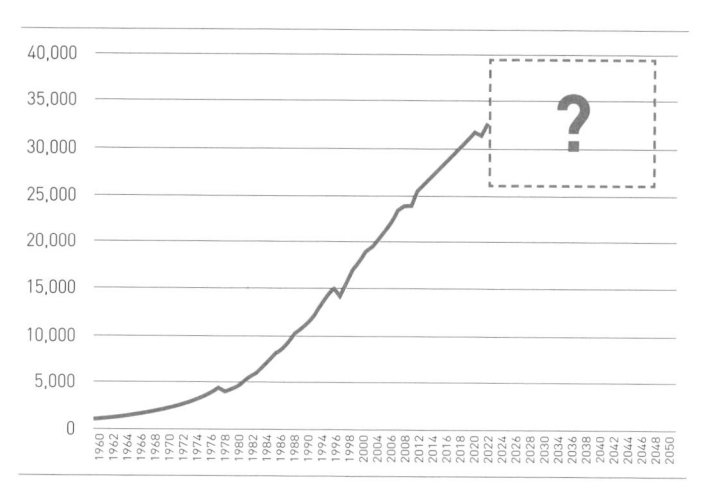

개인적으로 대한민국의 인적자본은 세계 최고 수준이라 생각합니다. 이렇게 훌륭한 인적자본이 자유롭게 아이디어를 풀어낼 수 있는 문화와 환경을 만들고, 새로운 아이디어를 적재적소에 활용해 나간다면 우리나라는 앞으로도 계속 성장할 수 있지 않을까요? 〈도표 12-4〉의 오른쪽에 빈 공간으로 남아 있는 1인당 GDP 그래프가 앞으로도 쭉쭉 우상향해서 다음 세대들이 지금의 우리보다 더 풍요롭게 살았으면 좋겠습니다.

돈과 세상의 흐름을 읽는 밑그림이 그려졌습니다

경제학은 크게 미시경제학(microeconomics)과 거시경제학 (macroeconomics)으로 나뉩니다. 미시경제학은 개별 소비자와 생산자들이 어떻게 의사결정하는지를 다룹니다. 예컨대 수요 부문에 있는 소비자들이 주어진 예산 하에서 어떻게 소비하는지 분석하고요. 공급 부문에서는 생산자들의 생산 비용은 어떻게 변하는지, 얼마만큼 생산하는 것이 최적인지 등을 분석합니다.

반면 거시경제학은 한층 큰 차원에서 경제가 어떻게 작동하는지에 집중합니다. 경제는 어떻게 성장하며, 인플레이션은 왜 발생하고, 경기는 왜 호황과 불황을 반복하는지 등과 같이 한 국가의 경제를 전체적인 시각에서 바라보는 것이죠. 진즉 눈치채셨겠지만, 이 책은 거시경제학의 내용들을 다뤘습니다.

이제 우리가 지금까지 살펴본 거시경제변수들이 서로 어떻게 연결되는지 전체적인 관점에서 한번 정리해보려고 하는데요. 그 전에 질문 하나만 하겠습니다. 이 책의 마지막 질문이 되겠네요.

여러분은 지금까지 다뤘던 거시경제변수들 가운데 어떤 것이 가장 중요하다고 생각하시나요?

사실 어느 것 하나 버릴 것 없이 모두 중요한 변수들입니다. 그러나 그중 딱 하나를 고르라고 한다면, 저는 GDP를 꼽고 싶습니다. 왜냐하면 GDP는 한 국가의 경제가 장기적으로 얼마만큼 성장하는지를 보여주는 변수이기 때문입니다. 결국 거시경제의 핵심은 한 국가의 경제규모를 점점 키움으로써 그 안에 살고 있는 사람들의 소득을 증대시키고 보다 윤택한 삶을 누리게 해주는 것이라 생각하거든요. 아울러 장기적으로 한 국가의 GDP를 증가시키려면 자본 축적과 새로운 아이디어 발굴, 교육을 통한 인적자본 개발 등이 필요하다는 말씀도 드렸고요.

그러나 장기적인 GDP 성장만큼 단기적으로 발생하는 경제변동도 중요합니다. 아무리 국가 경제가 장기적으로 성장한다 해도, 당장 경기 침체가 닥치면 사람들이 고통받기 때문이죠. 그러니 우리는 장기뿐 아니라 단기도 함께 바라봐야 합니다.

본문에서 소개해드린 솔로우 모형이나 로머 모형과 같은 장기적인 경제성장이론은 공급 측면에서 (자본량과 노동량을 이용한) 생산함수를 바탕으로 생산량 변화에 집중하는 것이 특징입니다. 이와 달리 단기적인 경제변동을 설명하려면 공급 측면만이 아니라 수요 측면도 함께 고려해야 합니다. 그리고 수요 측면에서 경제의 변화를 분석하는 데 사용한 것이 바로 국민소득항등식이었습니다.

> **GDP=소비+투자+정부지출+순수출**

국민소득항등식을 구성하는 소비, 투자, 정부지출, 순수출의 변화는 단기적으로 경제의 총수요에 영향을 줍니다. 만약 소비나 투자 등이 갑자기 증가하는 긍정적인 수요충격이 발생하면 실제GDP가 잠재GDP을 초과하여 호황이 오고요. 반대로 소비나 투자 등이 갑자기 감소하는 부정적인 수요충격이 발생하면 실제GDP가 잠재GDP를 밑돌게 되어 불황이 옵니다.

호황이 오면 더 많은 상품과 재화를 생산하게 돼 단기적으로 실업률을 떨어뜨립니다. 그러나 노벨 경제학상 수상자인 밀턴 프리드먼의 말처럼, "세상에 공짜 점심은 없습니다(There ain't no such thing as a free lunch)." 호황으로 생산량이 증가하고 실업률이 감소하는 동안, 한켠에서는 청구서가 조용히 그러나 차곡차곡 쌓여갑니다.

그 청구서는 바로 '인플레이션'입니다. 필립스 곡선을 통해 우리는 단기적으로 실업률과 인플레이션율은 서로 반대방향으로 움직이는 경향이 있다는 것을 확인했습니다. 호황이 보낸 인플레이션이라는 청구서는 우리가 사용하는 화폐의 가치가 떨어진다는 것을 의미합니다.

그러면 중앙은행이 소방수로 등장하죠. 물가를 잡고 화폐 가치를 유지하기 위해, 중앙은행은 기준금리를 올리게 됩니다. 기준금리 인상은 시장 금리에 연쇄적으로 영향을 주고요. 이자율이 오름에 따라 사람들은 위험이 따르는 투자보다는 안정적인 저축을 선호하게 됩니다. 그 결과 시장의 신규 투자는 감소하고 경기는 조금씩 식어갑니다. 더불어 물가 상승 압력도 점차 줄어듭니다.

　반대로 불황이 오면 단기적으로 실업률이 올라가고 인플레이션율은 떨어집니다. 얼핏 물가가 떨어지면 소비자는 물건을 예전보다 싸게 살 수 있으니 좋지 않나 싶을 수도 있습니다. 그러나 불황으로 인한 실업률 증가는 경제에 큰 고통을 야기합니다. 일자리를 잃는 사람들이 하나둘 증가하면서 소비는 자연히 위축되죠. 소비가 줄어들면 기업들의 매출도 감소하게 되고요. 이 때문에 해고당하는 사람들이 다시 늘어납니다. 해고의 증가는 다시 소비의 감소로 이어지고, 이것이 다시 해고를 부르는 악순환이 반복되면, 불황(recession)이 공황(depression)으로 악화될 수도 있습니다. "불황이 오면 내 친구가 일자리를 잃고, 공황이 오면 내가 일자리를 잃는다"는 말이 있을 만큼, 불황과 실업률은 떼려야 뗄 수 없는 관계입니다.

　불황의 고통에서 경제를 구출하기 위해서는 중앙은행과 정부가 함께 나서야 합니다. 중앙은행은 기준금리를 낮춰 시장의 투자를 끌어올립니다. 정부는 국민소득항등식의 구성요소이기도 한 정부지출을 늘려 총수요를 끌어올립니다. 이때 중앙은행과 정부의 하모니가 중요합니다. 예를 들어 정부가 지출을 늘리기 위한 재원을 마련하고자 국채를 발행한다면, 금리가 올라가지 않도록 중앙은행이 국채를 매입하는 것이죠.

국민소득항등식의 구성요소 중 마지막 항목인 순수출은 환율의 영향을 받습니다. 본문에서 살펴본 것처럼 원/달러 환율이 오르면 원화 가치가 떨어져 국내상품을 외국에 더 싼 가격에 판매할 수 있습니다. 그 결과 수출이 증가하겠죠. 반대로 원화 가치가 오르면? 국내상품의 해외 판매 가격이 오르게 돼 수출이 감소합니다.

이와 같이 환율의 변화는 한 국가의 순수출에 영향을 주는데요. 특히 우리나라처럼 GDP의 상당 부분을 무역에 의존하는 국가는 단기적인 환율 변동의 충격에 취약합니다. 단기적인 환율 급등락은 순수출의 변화를 불러와 수요부문에 긍정적 또는 부정적 충격을 줄 수 있으므로 늘 환율의 변동에 주의를 기울여야 합니다.

한편 제가 GDP를 가장 중요한 거시경제변수로 꼽으면서 마지막까지 고민한 변수가 있었습니다. 바로 이자율입니다. 저는 이자율이 GDP만큼이나 중요한 변수라고 생각합니다. 단기적인 경기변동의 파도를 조절하는 것이 바로 이자율이기 때문입니다.

본문에서 살펴본 것처럼, 경제의 전반적인 투자 수준은 이자율의 영향을 즉각적으로 받습니다. 이자율이 낮을 때는 저렴한 비용으로 돈을 빌릴 수 있으므로 위험을 수반한 투자에 대한 허들이 낮아져서 경제 전반의 투자가 증가합니다. 반대로 이자율이 오르면 굳이 위험을 감수하지 않고 안정적으로 높은 이자를 주는 예금 등으로 돈이 이동하기 때문에 전체적으로 투자가 감소합니다.

이와 같이 돈은 조금이라도 더 높은 수익을 주는 곳으로 흐릅니다. 시장에 존재하는 자산들은 투자자들의 돈을 유치하기 위해 서로 경쟁하는데, 이때에도 이자율이 판단 기준이 됩니다. 예를 들어 은행의 이자율이 올라가면, 경쟁관계에 있는 다른 자산들은 투자자들이 위험을 기꺼이 감당할 만큼 더 높은 수익률을 제시해야 합니다. 또한 채권과 주식의 예를 통해 살펴본 것처럼, 수익률 변화는 할인율을 통해 각 자산의 가격에도 영향을 주게 됩니다.

　돈은 수익률을 좇아 국경도 넘나듭니다. 가령 미국의 금리가 한국의 금리보다 높으면 돈은 한국에서 미국으로 흘러가게 됩니다. 이 경우 외환시장에서 사람들이 원화를 팔고 달러를 사기 때문에 원화 가치가 떨어지겠네요. 이는 연쇄적으로 우리나라의 순수출에도 영향을 미치게 될 것입니다.

　하지만 이자율이 언제까지고 계속 오를 수만은 없습니다. 이자율의 상승으로 투자가 계속 감소하면 경제가 위축되고 실업률이 올라갈 수 있기 때문입니다. 경기 침체가 심화될 것 같으면 중앙은행은 기준금리를 다시 떨어뜨리게 됩니다. 중앙은행 및 정부의 정책 목표는 안정화(stabilization)라는 것을 반드시 기억하셔야 하는데요. 안정화 정책의 핵심은 애써 피운 장작의 불씨를 꺼뜨리지 않으면서, 동시에 불꽃이 너무 크게 타올라 다른 곳으로 옮겨붙지 않도록 조절하는 것입니다.

　이자율이 낮아지면 돈은 안정적인 예금에서 빠져나와 더 높은 수익률을 얻을 수 있는 곳에 투자금으로 다시 흘러들 것입니다. 이자율에 따라 시장에 있는 돈들이 이리저리 방향을 바꾸며 빠르게 이동하는 모습을 보면서 우리는 단기적인 경기변동에 이자율이 얼마나 중요한 영향력을 가지는지 실감할 수 있습니다.

다만 안정화 정책이 항상 성공하는 것은 아닙니다. 자칫 적절한 타이밍을 놓치면 불꽃이 너무 크게 타올라 인플레이션율이 급격하게 상승할 수도 있고, 불씨가 꺼져버려 실업률이 갑자기 오를 수도 있습니다. 이렇게 되면 불을 끄거나 다시 불씨를 지피는 데 많은 시간과 비용을 지불해야 합니다.

지금까지 여러분께 거시경제를 바라보는 저의 관점을 보여드렸습니다. 어쩌면 중간중간 여러분의 시각과는 다른 부분이 있었을지도 모릅니다. 제가 서두에서 말씀드린 것처럼, 어떤 경제현상을 설명하는 방식에는 한 가지 정답만 있는 것이 아닙니다. 따라서 이 책에 담긴 내용을 정해진 답이라고 여기기보다는, 빈 종이에 연필로 아주 옅게 그려둔 밑그림이라고 생각해주시면 좋을 것 같습니다.

이제 이 밑그림 위로 여러분만의 그림을 그려갈 차례입니다. 마음에 들지 않는 부분이 있으면 지우개로 지우기도 하고 다른 작품들도 참고하면서, 여러분만의 관점이 담긴 그림을 멋지게 그려가시길 바랍니다. 읽어주셔서 감사합니다.

주요 경제 데이터 검색 방법

경제변수들의 원천 데이터를 처음 검색하는 분들은 막막함을 느낍니다. 마치 나침반 없이 망망대해를 떠도는 표류선처럼, 도대체 어디서부터 어떻게 시작해야 할지 막연합니다. 이런 분들을 위해 본문에서 다뤘던 주요 거시경제변수들의 원자료를 어떻게 검색하는지 안내하고자 합니다. 다만 여기서 보여드리는 방식은 어디까지나 이해를 돕기 위한 예시이며, 반드시 이 방법으로 경제 데이터를 검색해야 하는 것은 아닙니다. 처음에는 일단 따라 해보시고, 각 사이트의 구성이나 기능이 차츰 눈에 익으면 그다음부터는 혼자서 이것저것 눌러보세요. 그러다 보면 경제 데이터를 검색하는 능력이 어느 새 부쩍 늘어 있을 것입니다.

주요 경제변수의 순서는 본문의 목차와 동일합니다.

GDP

...

한국은행 경제통계시스템에 접속하면 다음과 같은 화면이 뜹니다. 먼저 검색창 밑에 있는 '국민계정'을 클릭해줍니다.

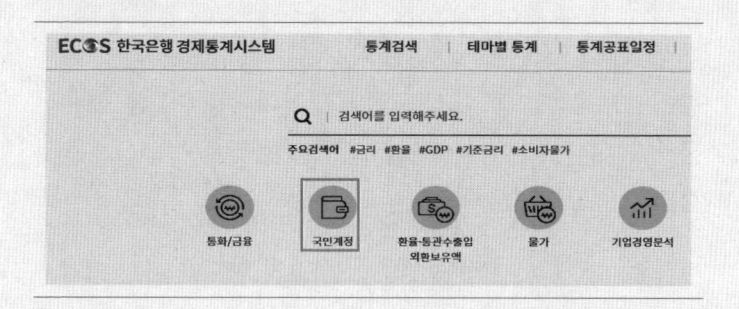

그러면 다음 그림과 같은 화면이 뜨는데요. 가운데 있는 '통계표' 항목에서 2. 국민계정 → 2.1. 국민소득통계(2015년 기준년) → 2.1.1. 주요지표 → 2.1.1.1. 주요지표(연간지표)를 차례대로 클릭합니다. 그러면 우측의 '통계항목'에 우리가 찾고자 하는 국내총생산과 1인당 국내총생산 항목이 나옵니다.

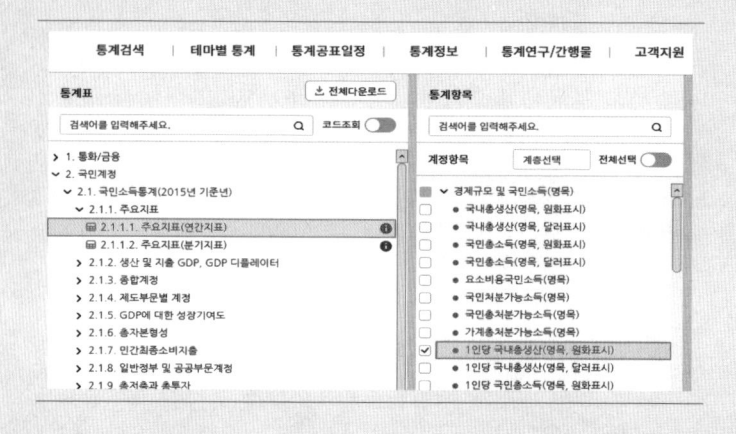

여기서 국내총생산(명목, 원화표시)과 1인당 국내총생산(명목, 원화표시)을 선택한 다음, 아래에 있는 '빠른 조회'를 누르면 데이터가 표시됩니다. 데이터를 다운로드하고 싶으면 '자료받기'를 클릭하면 됩니다.

한국은행 경제통계시스템

물가

***

소비자물가지수와 관련된 다양한 정보들은 해당 지수를 산출하는 통계청이 운영하는 사이트에서 찾을 수 있습니다.

메인화면의 상단에 있는 '동향'을 클릭하면 총지수 동향에 대한 정보가 나옵니다. 데이터를 다운로드하려면 우측에 있는 '바로가기'를 클릭해줍니다.

통계청 소비자물가지수 안내 사이트

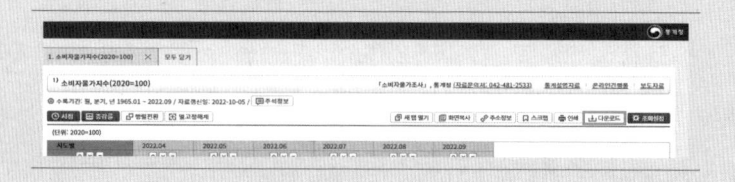

소비자물가(총)지수의 최근월별 동향입니다.

2022년 09월 소비자물가지수는 전월대비 0.3% 상승, 전년동월대비 5.6% 상승

(기준년도 2020=100,%)

	최근 월별 동향												
	9	10	11	12	2022.1	2	3	4	5	6	7	8	9
지수	103.17	103.35	103.87	104.04	104.69	105.3	106.06	106.85	107.56	108.22	108.74	108.62	108.93
전월비	0.4	0.2	0.5	0.2	0.6	0.6	0.7	0.7	0.7	0.6	0.5	-0.1	0.3
전년동월비	2.4	3.2	3.8	3.7	3.6	3.7	4.1	4.8	5.4	6.0	6.3	5.7	5.6

그러면 통계청의 데이터베이스로 연결되고, 우측 상단에 있는 '다운로드'를 클릭해 데이터를 내려받을 수 있습니다.

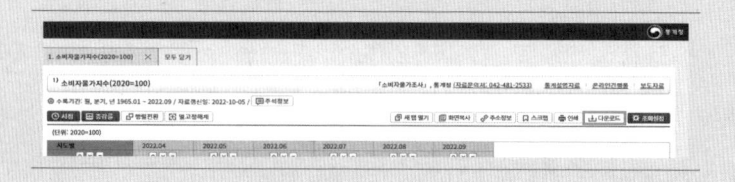

현재 화면에 보이는 기본 데이터는 월별 자료인데요. 만약 연도별 데이터가 필요할 경우 좌측 상단에 있는 '시점'을 클릭한 다음, '월'을 '년'으로 변경하고 '적용'을 누르면 됩니다.

앞에서 소개한 한국은행의 경제통계시스템에서도 물가 관련 데이터를 간편하게 검색할 수 있습니다. 시스템에 접속한 뒤 메인화면에서 '소비자물가지수' 또는 '생산자물가지수'를 클릭하면 바로 해당 데이터를 불러올 수 있습니다.

GDP 디플레이터의 경우, 앞에서 설명한 GDP와 동일하게 가운데의 '2.국민계정'으로 들어가 '2.1.1.1. 주요지표(연간지표)'를 선택합니다. 그러면 오른쪽 통계항목의 맨 아래에서 'GDP 디플레이터'를 찾을 수 있습니다.

이자율

...

한국은행의 경제통계시스템 메인화면에서 통화/금융을 클릭합니다. 그러면 다음과 같은 화면이 나옵니다. 가운데 있는 통계표에서 1. 통화/금융 → 1.3. 금리 → 1.3.2. 시장금리를 순서대로 선택하면, 우측의 통계항목에서 다양한 종류의 이자율을 검색할 수 있습니다.

| 통계검색 | 테마별 통계 | 통계공표일정 | 통계정보 | 통계연구/간행물 | 고객지원 |

통계표   ⬇ 전체다운로드

검색어를 입력해주세요. 🔍   코드조회 ⬤

- ∨ 1. 통화/금융
  - > 1.1. 통화/유동성
  - > 1.2. 금융기관 여수신
  - ∨ 1.3. 금리
    - 🖩 1.3.1. 한국은행 기준금리 및 여수신금리 ❶
    - ∨ 1.3.2. 시장금리
      - 🖩 1.3.2.1. 시장금리(일별) ❶
      - 🖩 1.3.2.2. 시장금리(월,분기,년) ❶
    - > 1.3.3. 예금은행 가중평균금리

통계항목

검색어를 입력해주세요. 🔍

계정항목 계층선택 전체선택 ⬤

- ☐ ∨ 콜금리(익일물)
  - ☐ ● 콜금리(1일, 전체거래)
  - ☐ ● 콜금리(1일, 중개회사거래)
  - ☐ ● 콜금리(1일, 은행증권금융차입)
  - ☐ ● KORIBOR(3개월)
  - ☐ ● KORIBOR(6개월)
  - ☐ ● KORIBOR(12개월)

한국은행 경제통계시스템

실업률

...

통계청이 운영하는 국가통계포털에 접속하면 다음과 같이
메인화면이 나옵니다. 검색창에 '실업률'을 입력하면 검색결과
화면이 나오는데요. 여기서 좌측에 있는 '실업률(전체)' 부분을
클릭하면, 통계청의 실업률 데이터베이스로 연결됩니다.

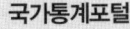

통계청 데이터베이스 화면에서는 '다운로드' 버튼을 클릭
해서 데이터를 내려받을 수 있고요. 월별이 아니라 연도별 데
이터를 검색하려면 '시점'을 눌러서 조정해주면 됩니다.

국가통계포털

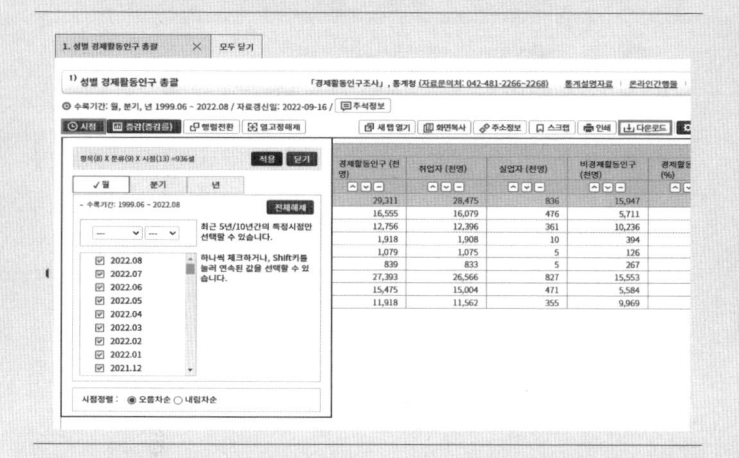

통화정책

...

한국은행의 경제통계시스템 메인화면에서 통화/금융을 클릭합니다. 그다음 통계표에서 1. 통화/금융 → 1.3. 금리 → 1.3.1. 한국은행 기준금리 및 여수신금리를 선택해주면 한국은행의 기준금리 추이를 확인할 수 있습니다.

한국은행 경제통계시스템

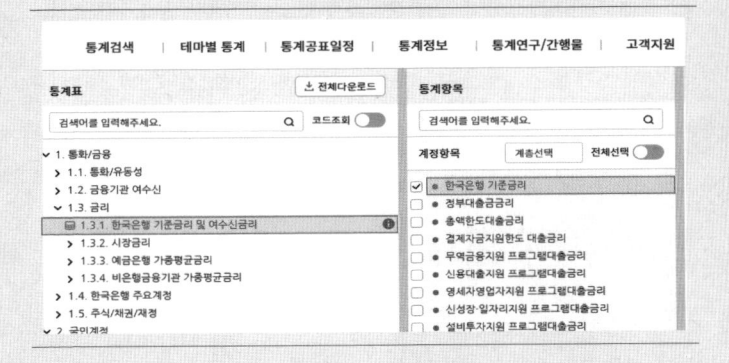

통화량의 경우 동일한 화면에서 1. 통화/금융 → 1.1. 통화/
유동성을 선택하면 M1 및 M2 데이터를 불러올 수 있습니다.

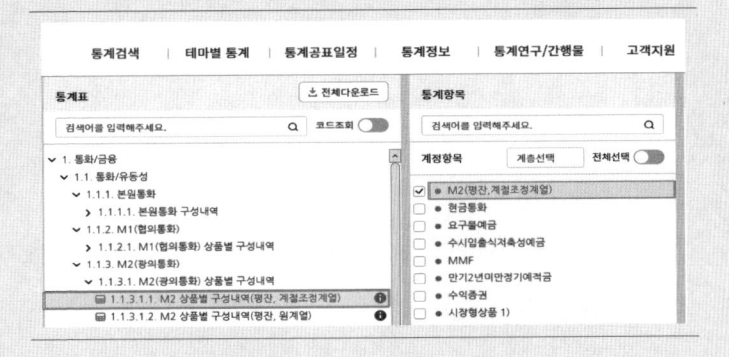

재정정책

· · ·

한국은행의 경제통계시스템 메인화면에서 통화/금융을 클릭합니다. 그다음 통계표에서 1. 통화/금융 → 1.5. 주식/채권/재정 → 1.5.4. 재정 → 1.5.4.1. 통합재정수지를 순서대로 선택해줍니다. 그러면 우측의 통계항목에서 정부의 총수입과 총지출과 관련된 데이터를 검색할 수 있습니다.

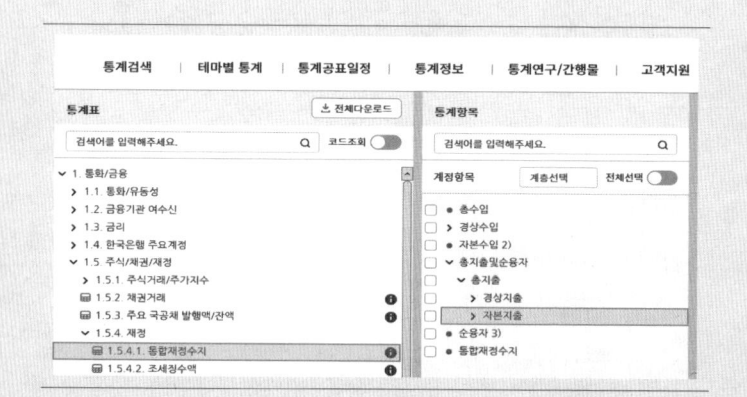

한국은행 경제통계시스템

환율

...

한국은행의 경제통계시스템 메인화면에서 환율·통관수출입·외환 보유액을 클릭합니다. 그다음 통계표에서 3. 환율/통관수출입/외환 보유액 → 3.1. 환율 → 3.1.1. 일일환율을 순서대로 선택해줍니다. 우측의 통계항목에서 다양한 나라의 통화에 대한 환율을 검색할 수 있습니다.

외환 보유액이 궁금하면 동일한 화면에서 3. 환율/통관수출입/외환 보유액 → 3.5. 외환 보유액을 선택하면 됩니다.

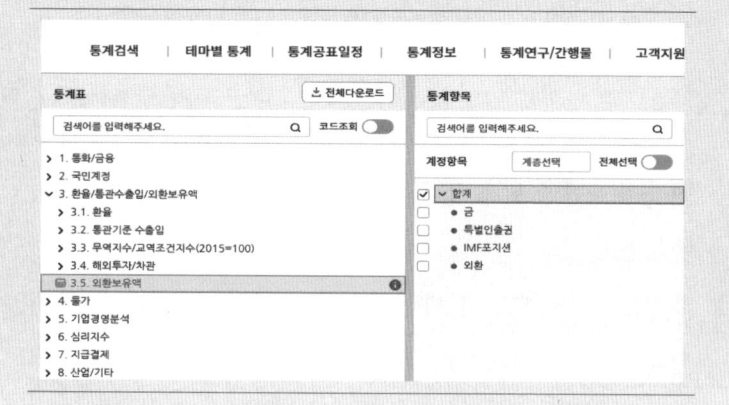

통계검색 | 테마별 통계 | 통계공표일정 | 통계정보 | 통계연구/간행물 | 고객지원

통계표　　　　　　　　　　　⬇ 전체다운로드

검색어를 입력해주세요.　　🔍　코드조회 ⬤

> 1. 통화/금융
> 2. 국민계정
✓ 3. 환율/통관수출입/외환보유액
　 > 3.1. 환율
　 > 3.2. 통관기준 수출입
　 > 3.3. 무역지수/교역조건지수(2015=100)
　 > 3.4. 해외투자/차관
　 🖥 3.5. 외환보유액　　　　　　　ℹ
> 4. 물가
> 5. 기업경영분석
> 6. 심리지수
> 7. 지급결제
> 8. 산업/기타

통계항목

검색어를 입력해주세요.　　🔍

계정항목　　계층선택　전체선택 ⬤

☑ ✓ 합계
☐ ● 금
☐ ● 특별인출권
☐ ● IMF포지션
☐ ● 외환

한국은행 경제통계시스템

외국 데이터 : 세계은행과 세인트루이스 연방준비은행

...

세계은행(The World Bank)의 데이터베이스에 접속하면 대한민국을 포함한 세계 각국의 경제 데이터를 다운로드할 수 있습니다.

메인화면이 뜨면 검색창에 찾고자 하는 변수를 넣어주면 됩니다. 예를 들어 대한민국의 1인당 GDP를 알고 싶다면 검색창에 'gdp per capita korea'라고 입력하면 관련 키워드가 자동 완성으로 뜹니다.

별색으로 표시되는 키워드를 클릭하면, 우리가 찾고자 했던 대한민국의 1인당 GDP의 시계열 데이터가 출력됩니다. 지금 예시로 소개한 화면에 뜬 데이터는 2015년 미국 달러 기준 불변가(constant 2015 US$)인데요. 만약 명목 기준의

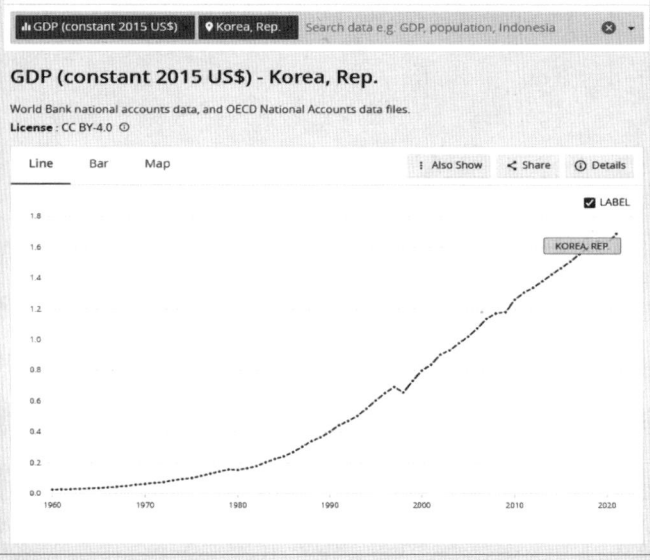

자료가 필요하면 우측에 있는 데이터 목록에서 'GDP per capita(current US$)'를 클릭하면 됩니다. 만약 데이터를 다운로 드하고 싶다면 화면 우측 아래에 있는 'Download'에서 원하 는 형식을 클릭해주면 됩니다.

세계은행 데이터베이스

참고로, 세계은행 데이터베이스에는 GDP뿐 아니라 물가, 실업률, 무역, 환율 등 거시경제와 관련된 다양한 국가별 데이터가 수록되어 있습니다.

세인트루이스 연방준비은행(Federal Reserve Bank of St. Louis)에서 운영하는 경제통계 데이터베이스에 접속하면 미국 및 여러 국가의 다양한 경제 데이터를 다운로드할 수 있습니다. GDP, 인플레이션, 이자율, 실업률, 통화정책, 재정정책, 환율 등 우리가 본문에서 다룬 거의 모든 변수가 이곳에서 다 검색 가능하답니다. 간단하게 검색창에 찾고자 하는 변수만 입력하면 되는데요. 예를 들어 'inflation'을 입력하면 다음과 같은 검색 결과들이 나옵니다.

5-Year, 5-Year Forward Inflation Expectation Rate
Percent, Daily, Not Seasonally Adjusted   2003-01-02 to 2022-10-07 (3 days ago)
View a measure of the average expected inflation over the five-year period that begins five years from the date data are reported.
1 other format ▾

Inflation, consumer prices for the United States
Percent, Annual, Not Seasonally Adjusted   1960 to 2021 (May 3)
Inflation as measured by the consumer price index reflects the annual percentage change in the cost to the average consumer of acquiring a basket of goods and services that may be fixed or changed at specified intervals, such as...

University of Michigan: Inflation Expectation
Percent, Monthly, Not Seasonally Adjusted   Jan 1978 to Aug 2022 (Sep 30)
Median expected price change next 12 months, Surveys of Consumers. The most recent value is not shown due to an agreement with the source. This data should be cited as follows: "Surveys of Consumers, University of Michigan,...

여기서 두 번째 있는 'inflation, consumer prices for the United States'를 눌러주면 다음 그림과 같이 소비자물가지수를 이용해 계산한 미국의 인플레이션율을 확인할 수 있습니다. 데이터 다운로드도 가능하고, 다운로드 아래에 있는 'Edit Graph'를 눌러주면 데이터의 주기를 변경하거나 다양한 변수의 그래프들을 합칠 수도 있습니다.

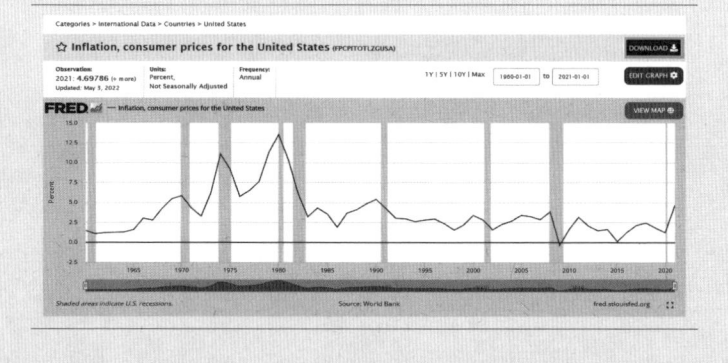

세인트루이스 연방준비은행